Comment Dessiner LA MODE

Guide de dessin créatif pour les enfants et les débutants

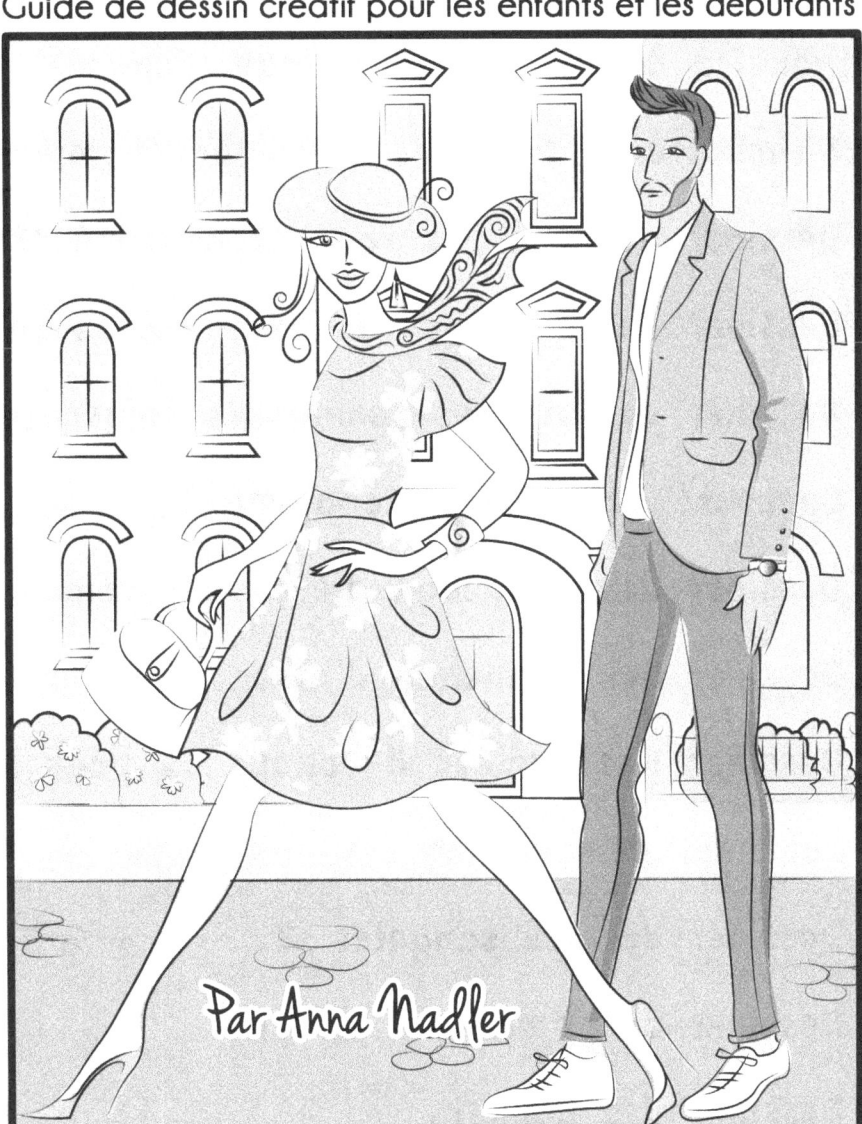

Par Anna Nadler

Copyright © 2021 Anna Nadler
Tous droits réservés
Edité par Little Birdie Press ™
Aucune partie de cette publication ne peut être
reproduite, stockée dans un système archivage ou
transmise sous quelque forme ou par quelque moyen que ce soit,
électronique, mécanique, photocopie, enregirment
ou autrement, sans autorisation écrite préalable de l'auteur / éditeur.
www.annanadler.com

Table des Matières

p.4-5 - À propos de l'auteur

p.6-7 - Introduction

p.8-9 - Silhouette de Mode vs Classique (femmes)

p.10-11 - Silhouette de Mode vs Classique (hommes)

p.12-13 - Dessiner des vues de face et de côté (femmes)

p.14-15 - Dessiner des vues de face et de côté (hommes)

p.16-17 - Dessiner des visages féminins et masculins

p.18-19 - Comment dessiner des chapeaux,

p.20-21 - Dessiner des chapeaux d'été pour femmes

p.22-23 - Dessiner des chapeaux d'hiver pour femmes

p.24-25 - Dessiner une variété de chapeaux pour hommes

p.26-27 - Comment de dessiner des chaussures

p.28-29 - Dessiner des les sandales

p.30-31 - Dessiner de chaussures de ville

p.32-33 - Dessiner des baskets

p.34-35 - Dessiner les chaussures pour hommes

p.36-37 - Dessiner des tenues de mode pour les saisons et les évènements

p.38-39 - Dessiner robes du soir

p.40-41 - Dessiner des tenues de soirée pour hommes

Table des Matières

p.42-43 - Dessiner des tenues d'automne (femmes)

p.44-45 - Dessiner des tenues d'automne (femmes)

p.46-47 - Dessiner des tenues d'automne (hommes)

p.48-49 - Dessiner des tenues d'hiver (femmes)

p.50-51 - Dessiner des tenues d'hiver (femmes)

p.52-53 - Dessiner des tenues d'hiver (hommes)

p.54-55 - Dessiner des tenues de printemps (femmes)

p.56-57 - Dessiner des tenues de printemps (femmes)

p.58-59 - Dessiner des tenues de printemps (hommes)

p.60-61 - Dessiner des tenues d'été (femmes)

p.62-63 - Dessiner des tenues d'été (femmes)

p.64-65 - Dessiner des tenues d'été (hommes)

p.66-67 - Dessiner des scènes de mode en extérieur

p.68-69 - Dessiner des scène de rue

p.70-71 - Combiner la scène de rue avec la silhouette de mode

p.72-73 - Dessiner un café en plein air à Paris

p.74-75 - Note de Fin

p.76-100 - Pages d'entraînement au dessin

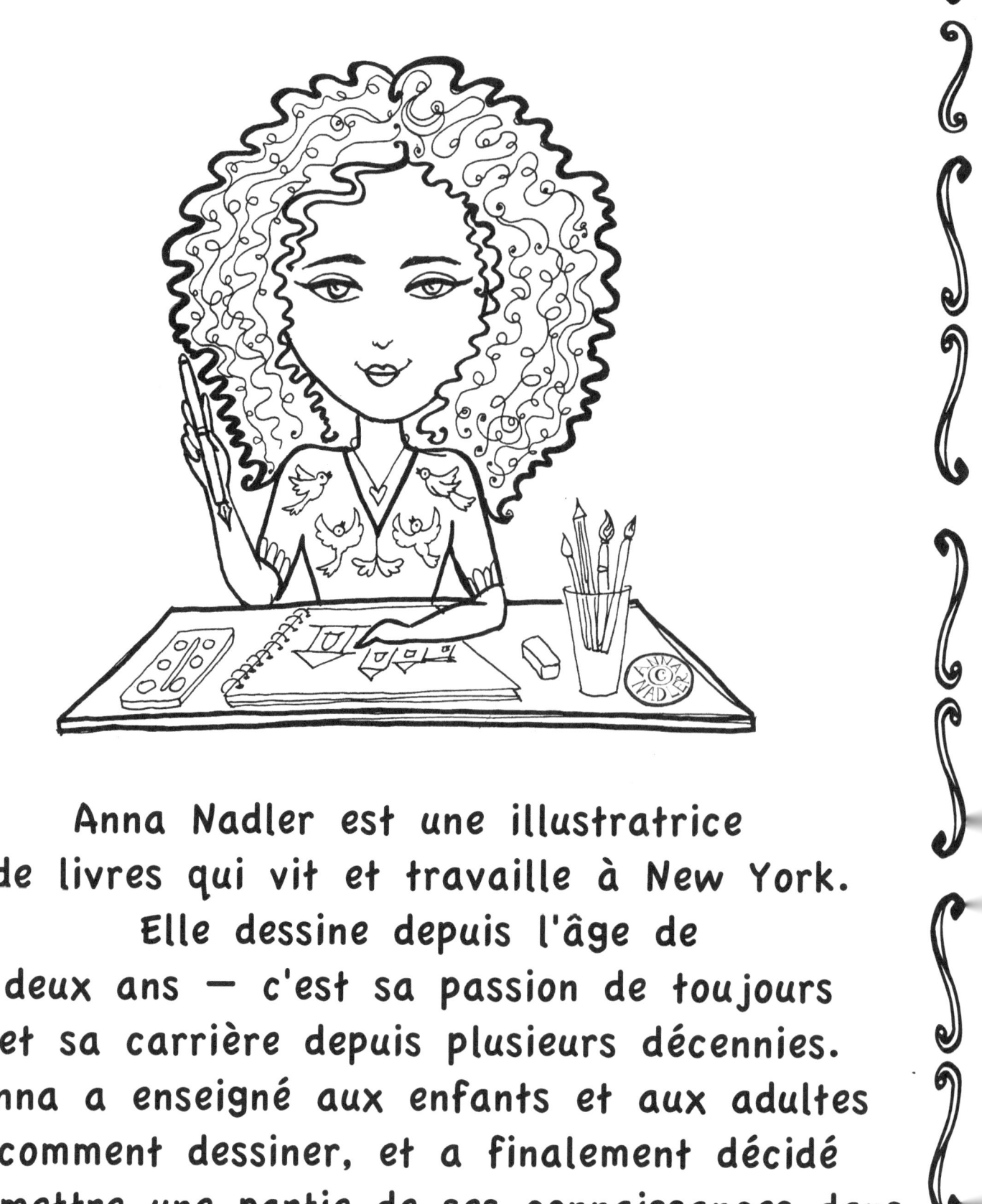

Anna Nadler est une illustratrice
de livres qui vit et travaille à New York.
Elle dessine depuis l'âge de
deux ans — c'est sa passion de toujours
et sa carrière depuis plusieurs décennies.
Anna a enseigné aux enfants et aux adultes
comment dessiner, et a finalement décidé
de mettre une partie de ses connaissances dans
une série de livres complets —
pour que tout le monde en profite.

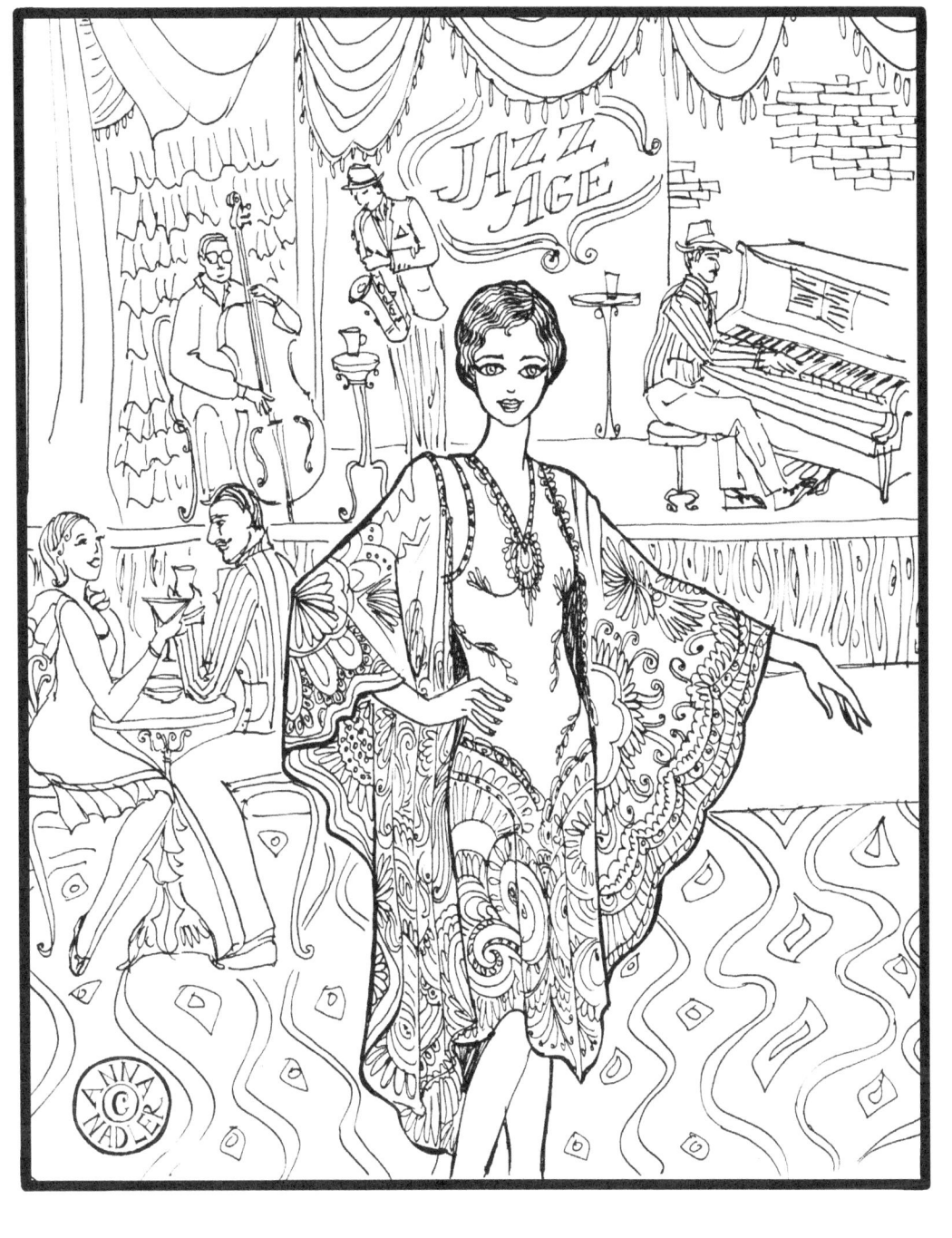

Anna a une passion particulière pour la mode. Elle a étudié le stylisme et l'illustration, puis est devenu une graphiste et illustratrice de livres. Vous pouvez trouver plusieurs de ses livres de coloriage, livres pour enfants, et plus sur Amazon.

Bonjour, illustrateurs de mode!

L'illustration de mode est une forme extrêmement amusante d'illustration qui vous permet d'exprimer votre style, votre vision unique, votre créativité et votre imagination !
Dessiner des silhouette de mode est un peu différent de dessiner des silhouettes classiques.
Dans l'illustration de mode, notre objectif principal est de mettre en valeur le vêtement, et non pas ne pas de montrer les détails des caractéristiques ou du corps
(sauf si cela aide à mettre en valeur certains accessoires de mode, comme dans un portrait — portant un chapeau ou des lunettes de soleil.)
Donc, en esquissant la silhouette quand on dessine des mains, on n'a pas à dessiner les doigts individuellement, quand on dessine les yeux, on n'a pas à montrer chaque cil, etc.
Souvent, une simple ligne suffit à montrer les caractéristiques et la forme de la silhouette.
Souvenez-vous, votre but principal est d'exprimer l'esprit, la beauté et l'éclat du vêtement pas la personne qui le porte.
N'hésitez pas à utiliser des crayons de couleur pour colorier les designs que vous dessinez dans ce livre.

Le but de ce livre est de vous apprendre à simplifiez vos dessins, en apprenant à vous exprimer en aussi peu de lignes rapides que possible.
Plus vos lignes sont expressives,
plus vos illustrations commenceront à apparaître élégantes et uniques, ce qui fonctionnent si bien pour la mode en particulier.
Une fois que vous apprenez à dessiner des croquis expressifs et rapides vous pouvez passer à des illustrations de mode plus détaillées.

Maintenant, commençons à regarder quelques différences entre une silhouette classique et une silhouette de mode. Tournez la page pour commencer votre parcours d'illustrations de mode !

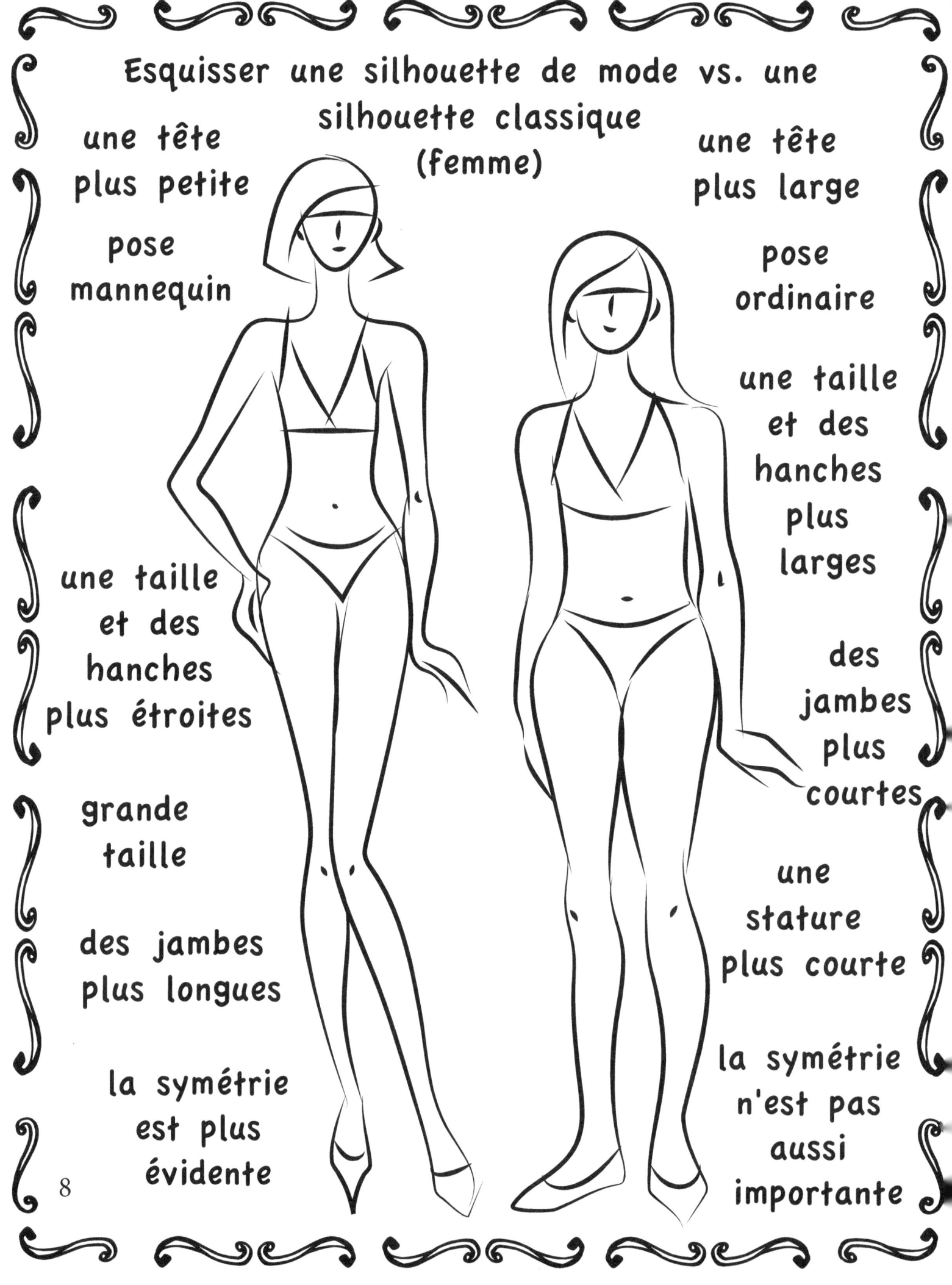

Entraînez-vous à dessiner des silhouettes de proportions différentes.

haut de la tête

bas de la tête

poitrine

taille

hanches

genoux

bas des pieds

haut de la tête

bas de la tête

poitrine

taille

hips

genoux

bas des pieds

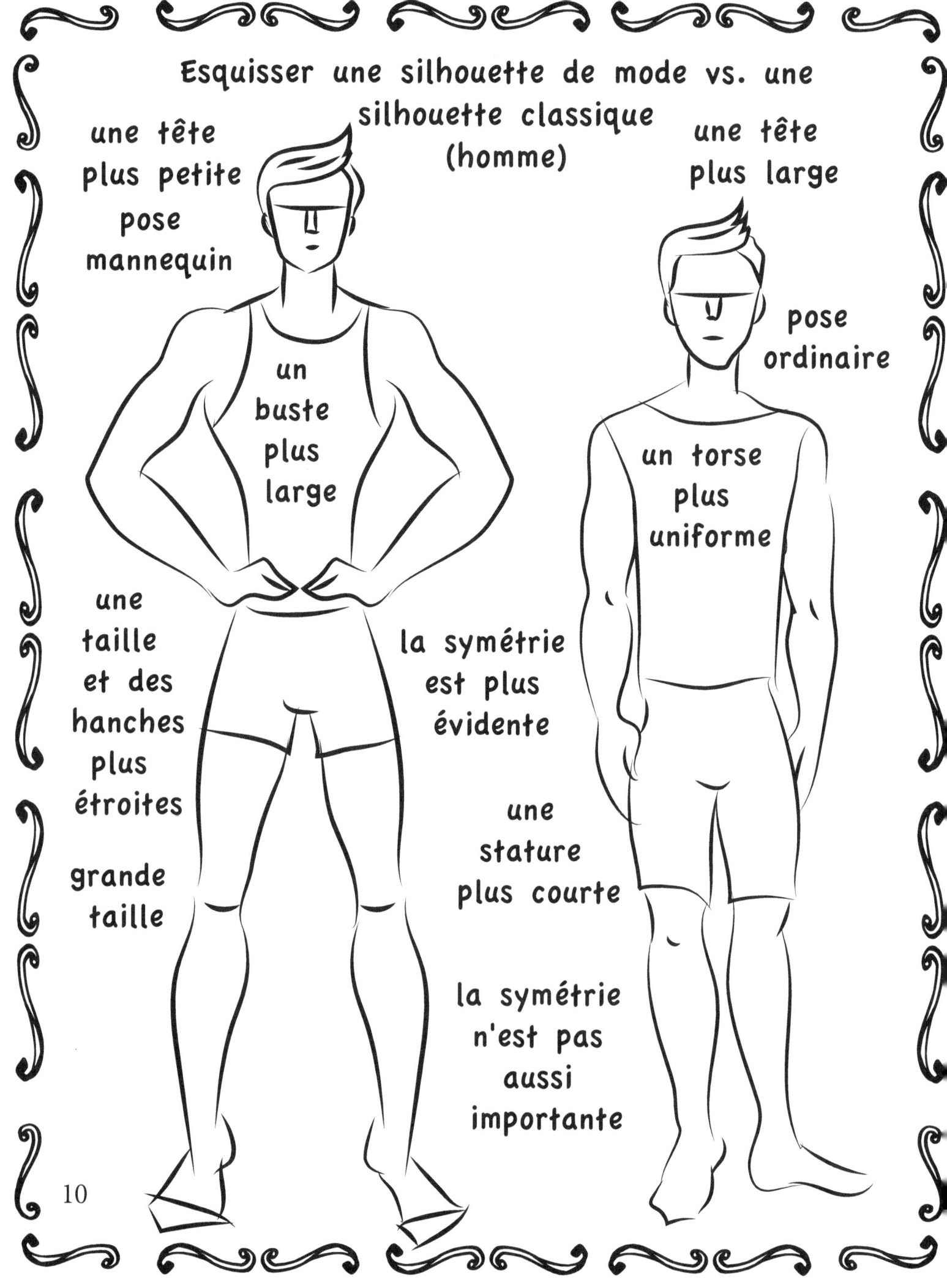

Entraînez-vous à dessiner des silhouettes de proportions différentes.

haut de la tête

bas de la tête

poitrine

taille

hanches

genoux

bas des pieds

haut de la tête

bas de la tête

poitrine

taille

hips

genoux

bas des pieds

Dessiner des vues de face et de côté, femmes

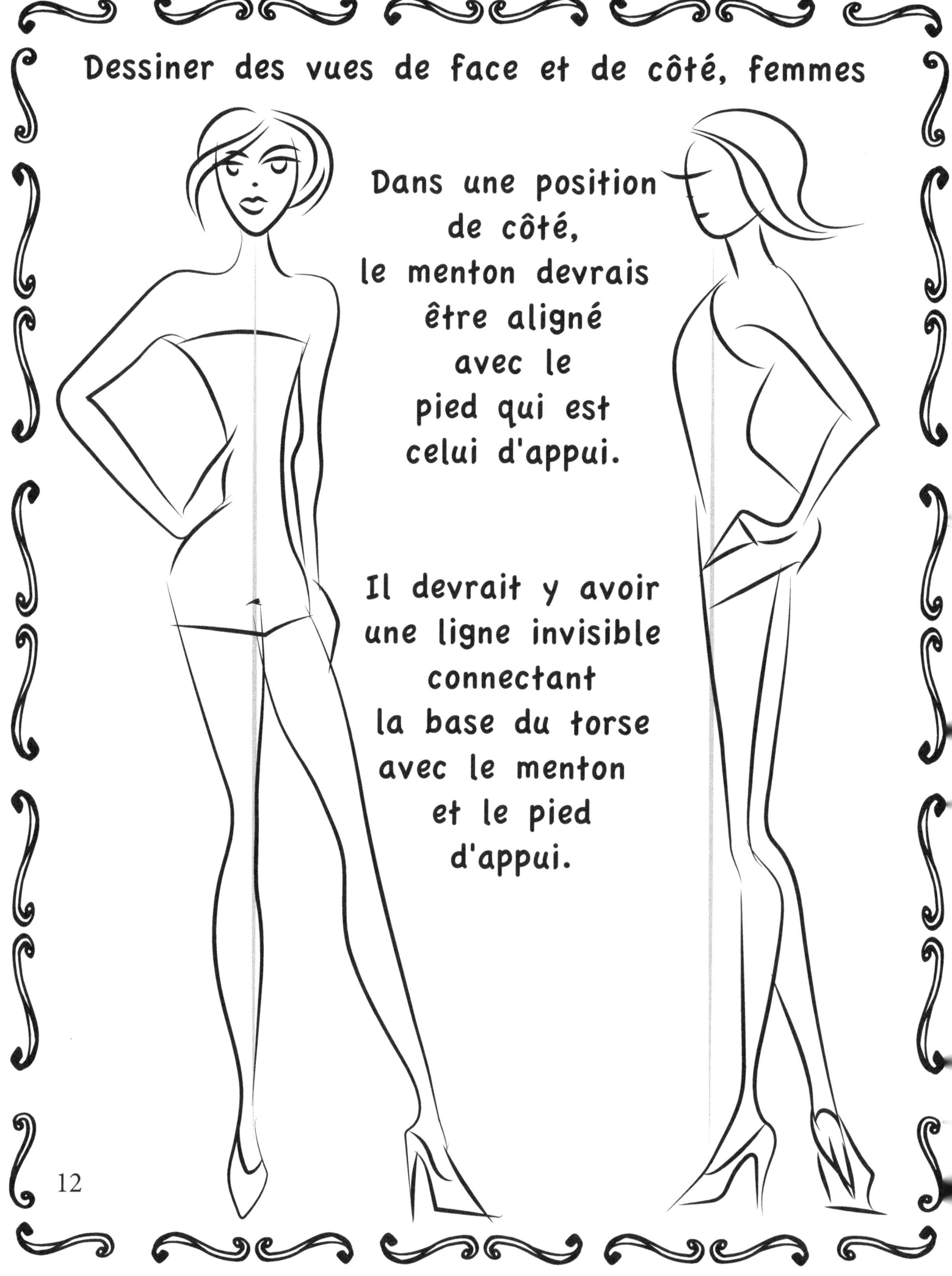

Dans une position de côté, le menton devrais être aligné avec le pied qui est celui d'appui.

Il devrait y avoir une ligne invisible connectant la base du torse avec le menton et le pied d'appui.

Dessiner des vues de face et de côté, entraînons-nous

Face   Côté

Maintenant, entraînons-nous à dessiner des poses de mode — vue de face et de côté.

Vérifiez que votre silhouette se tient vraiment « debout » et n'apparait pas comme tombante ou flottante, en suivant le conseil sur la page opposée.

Dessiner des vues de face et de côté, hommes

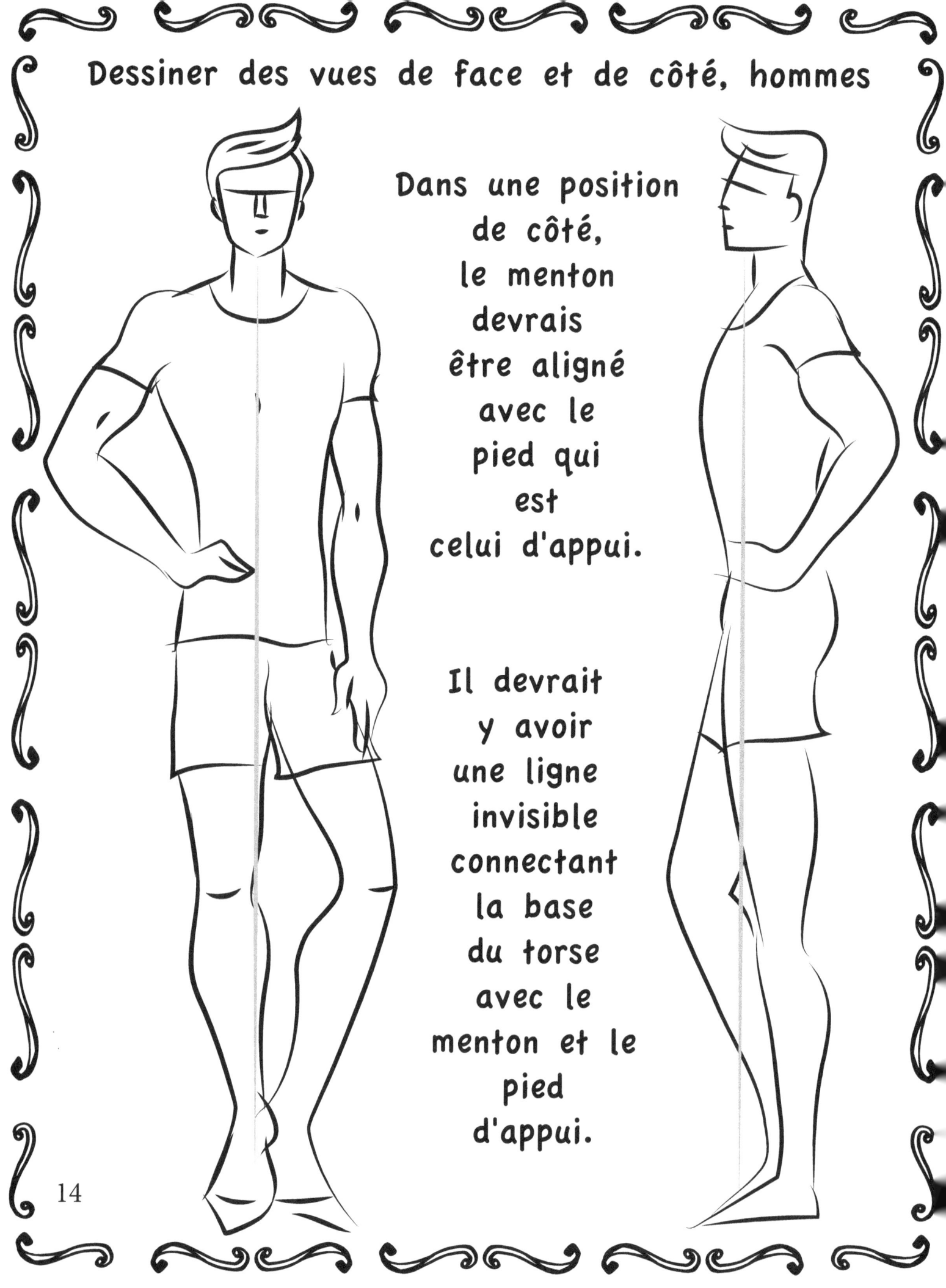

Dans une position de côté, le menton devrais être aligné avec le pied qui est celui d'appui.

Il devrait y avoir une ligne invisible connectant la base du torse avec le menton et le pied d'appui.

Différents types de chapeaux

Les chapeaux viennent dans différents styles, formes, tailles, designs, et buts. Ils peuvent améliorer une tenue, ils peuvent faire paraître plus vieux ou plus jeune, plus chic ou plus robuste.

On peut utiliser des chapeaux dans nos dessins de mode pour sublimer ou embellir les tenues. Pour nos besoins dans ce livre, nous montrerons les chapeaux tels qu'ils apparaissent portés par les gens. Alors que les chapeaux eux-mêmes sont faciles à illustrer, cela peut être plus difficile pour dessiner des personnes portant réellement des chapeaux.

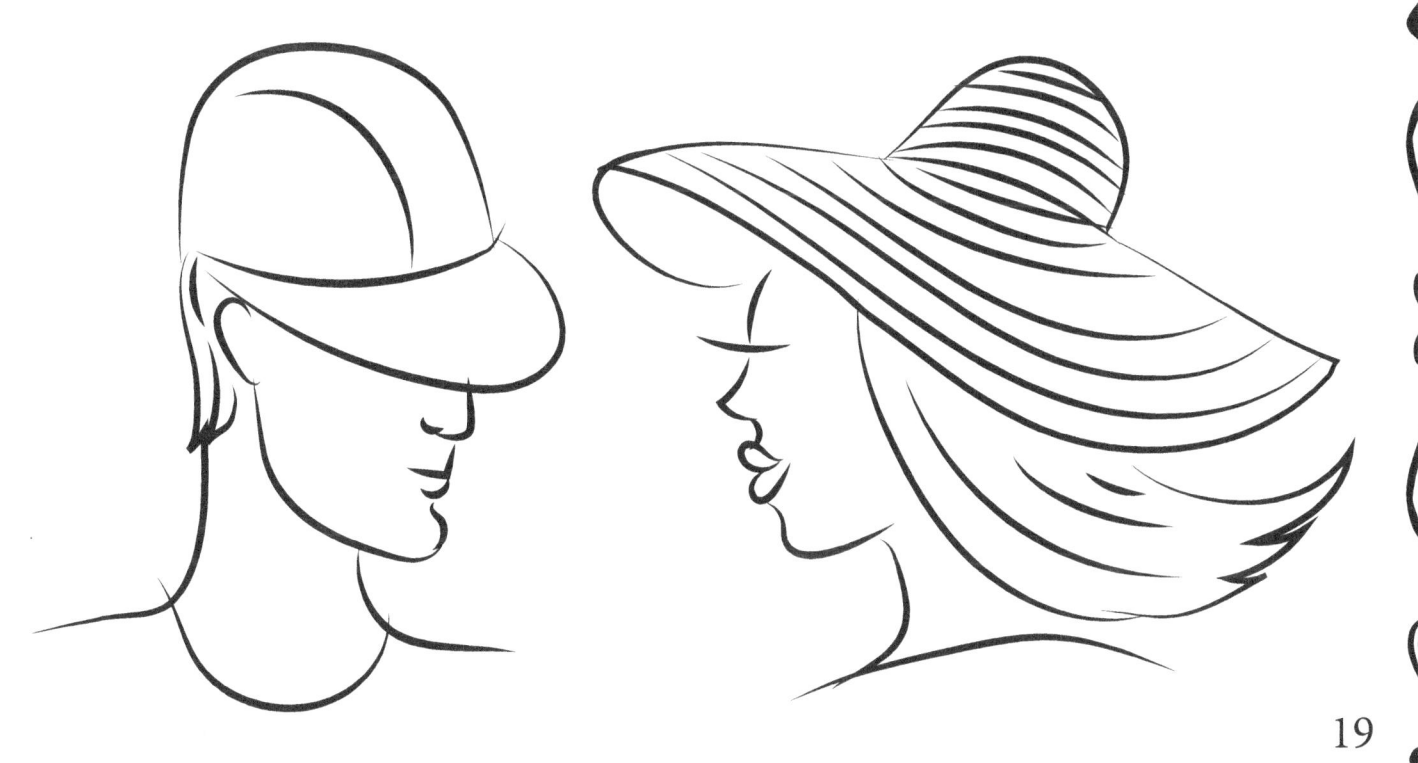

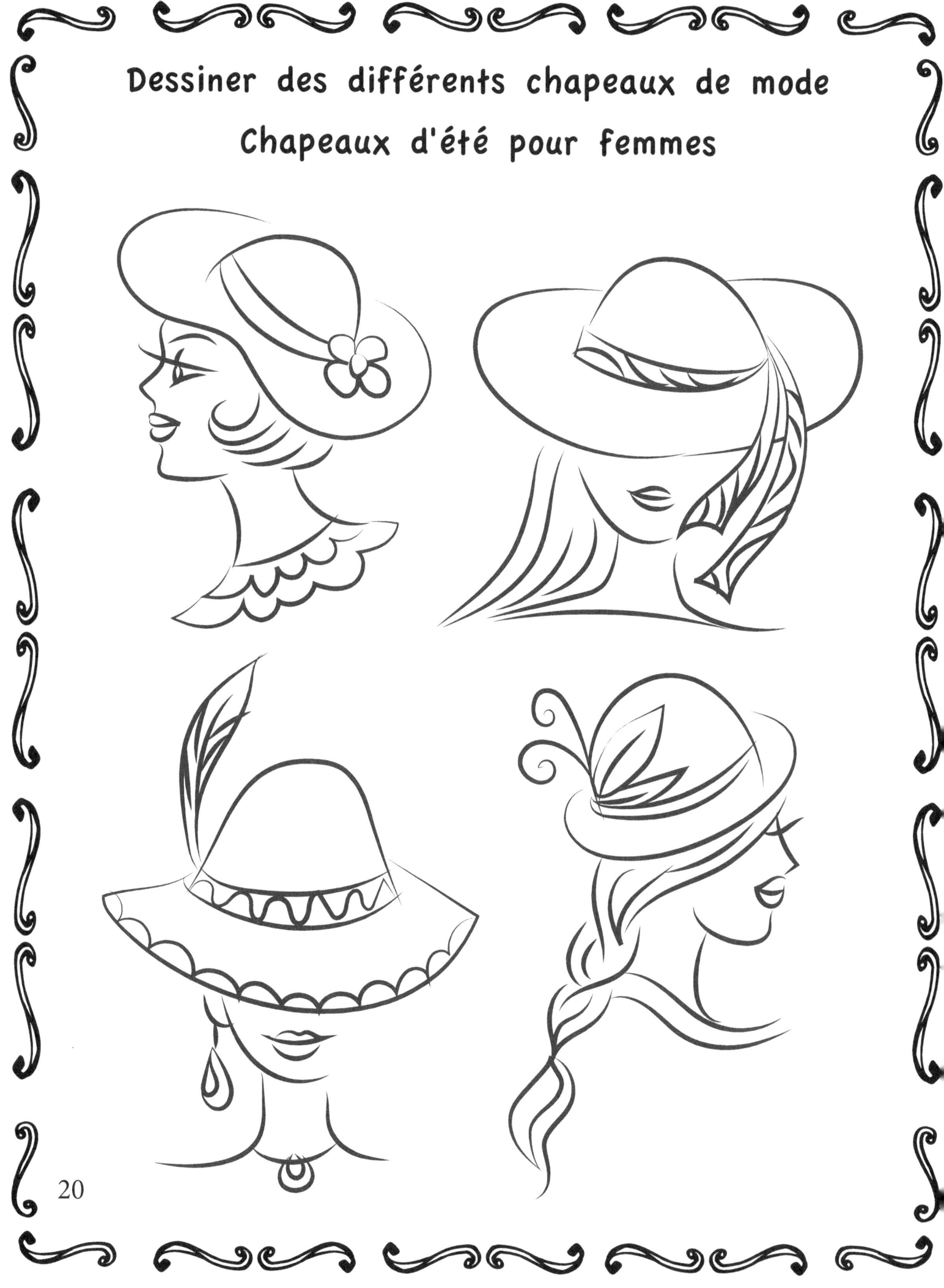

Dessiner des différents chapeaux de mode.
Entraînement.
Mettez des chapeaux sur les têtes comme vous le voyez sur la la page opposée.

21

Dessiner des différents chapeaux de mode
Chapeaux d'hiver pour femmes

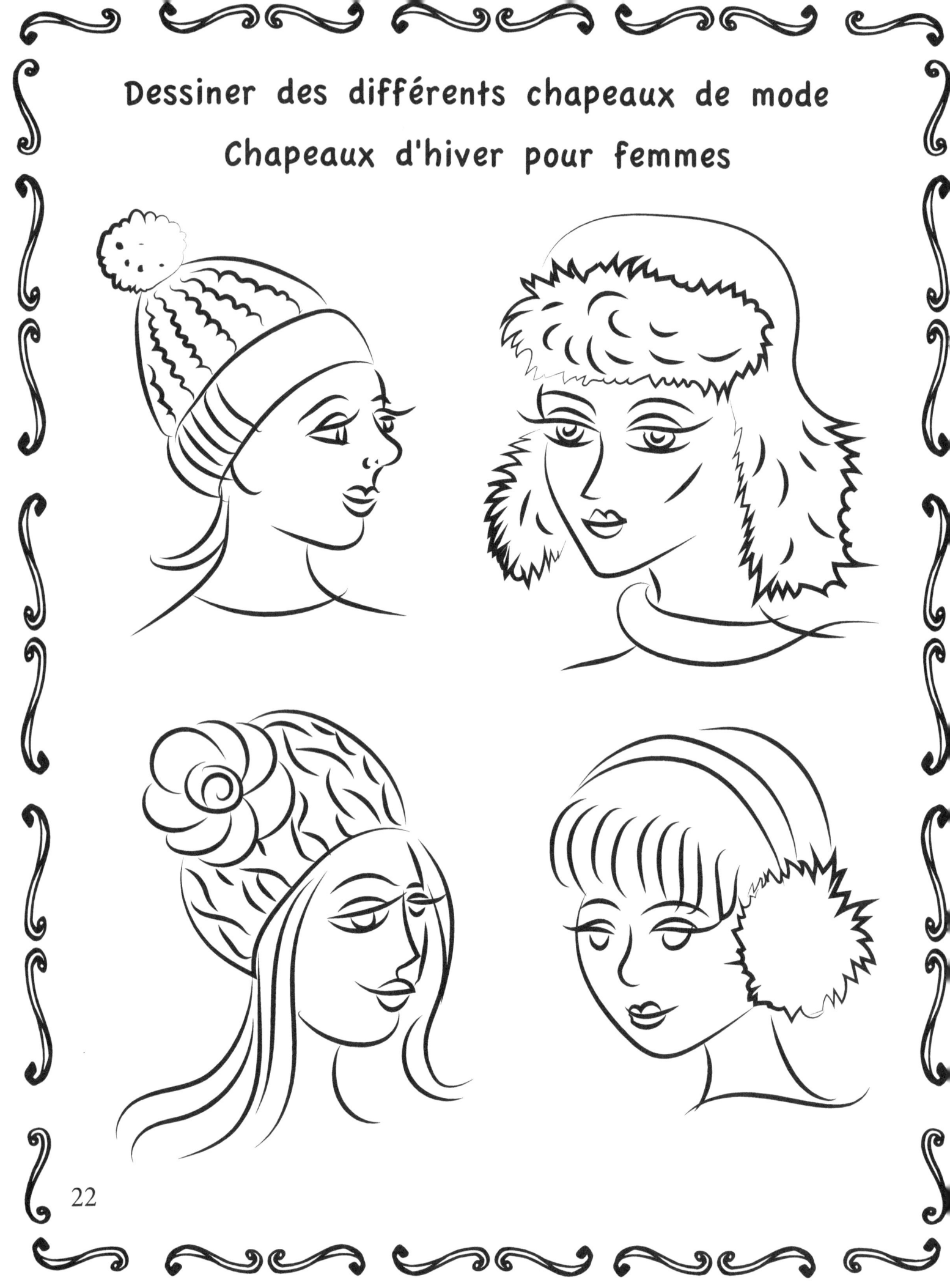

Dessiner différents chapeaux d'hiver

Mettez des chapeaux sur les têtes comme vous le voyez sur la page opposée,
vous pouvez également ajouter des écharpes.

Dessiner des différents chapeaux de mode
Chapeaux pour hommes

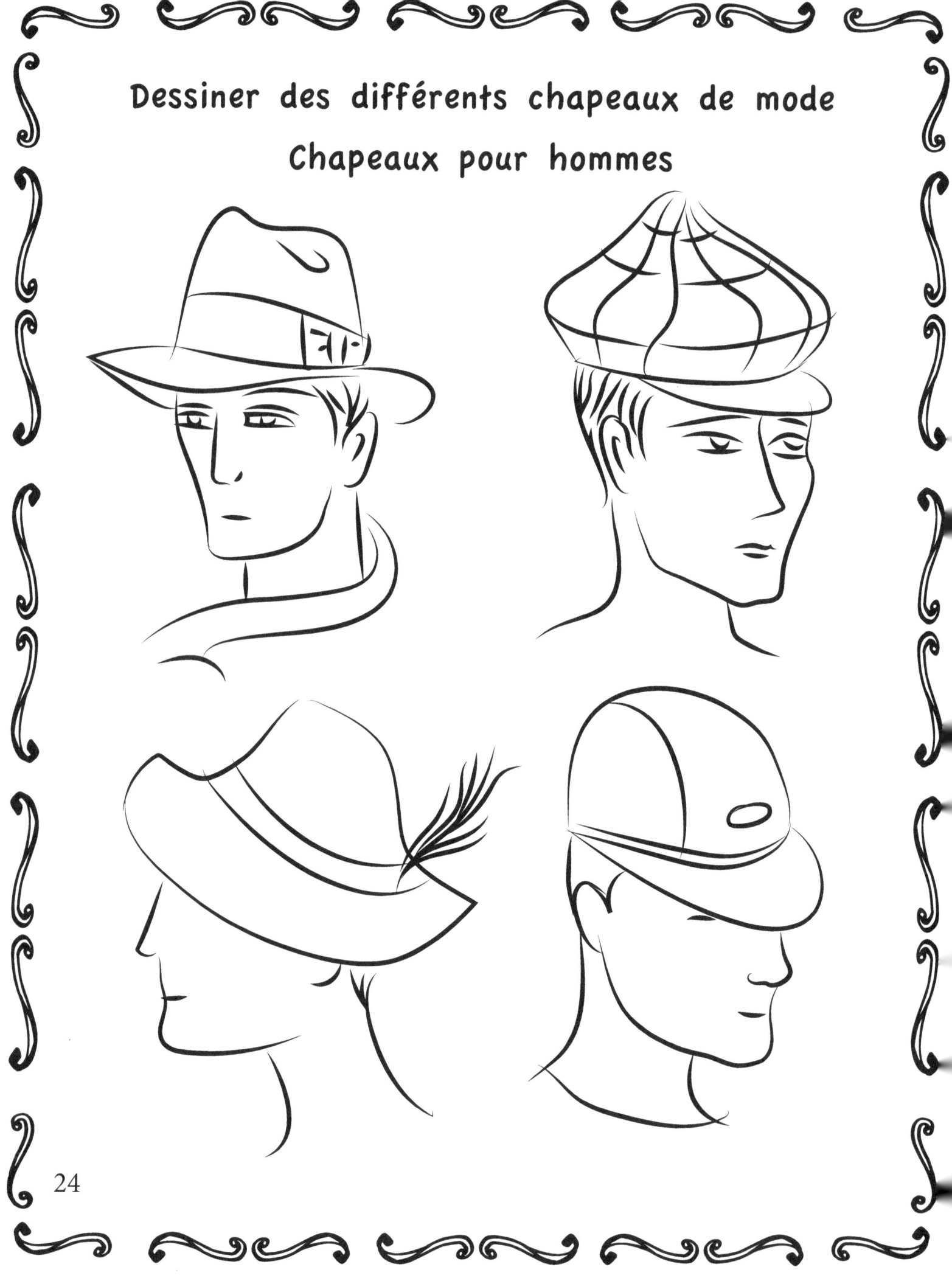

Dessiner des différents chapeaux de mode

Page d'entraînement des chapeaux pour hommes — ajoutez des chapeaux !

Comment dessiner des chaussures

Dessiner des chaussures est une façon amusante de pimenter nos illustrations de mode.
En effet, comme activité créative, vous devriez prendre une des chaussures de votre placard et passer du temps à étudier la façon dont une chaussure est construite, ses coutures, son talon, la façon dont le matière tourne autour de la chaussure, quels boutons, lacets, ou fermetures éclair a la chaussure ?
L'illustration de mode devrait être tout sauf ennuyeux ! Donc, plus on dessine nos chaussures de manière funky, plus nos dessins auront d'éclat et d'intérêts. Alors, quand vous choisissez de dessiner un corps entier, y compris les pieds, ne négligez pas les chaussures. Les détails n'ont pas besoin d'être sur-faits, ils peuvent être fait en utilisant des lignes simples, mais celles-ci doivent être fortes, amusantes, et expressives !

Trouver chaussure à son pied ...

Pour nos besoins dans ce livre, on va s'entraîner à dessiner des chaussures sur des pieds. Parce que c'est une chose de savoir comment bien dessiner une chaussure, et c'en est une autre de montrer réellement une chaussure telle qu'elle apparaît sur un pied et une jambe.
Le dessin doit être simple mais crédible. Entraînons-nous à dessiner des chaussures que vous avez comme vous les voyez sur des pieds à différents angles, pour mieux comprendre ce à quoi ressemblent les chaussures sur des pieds.

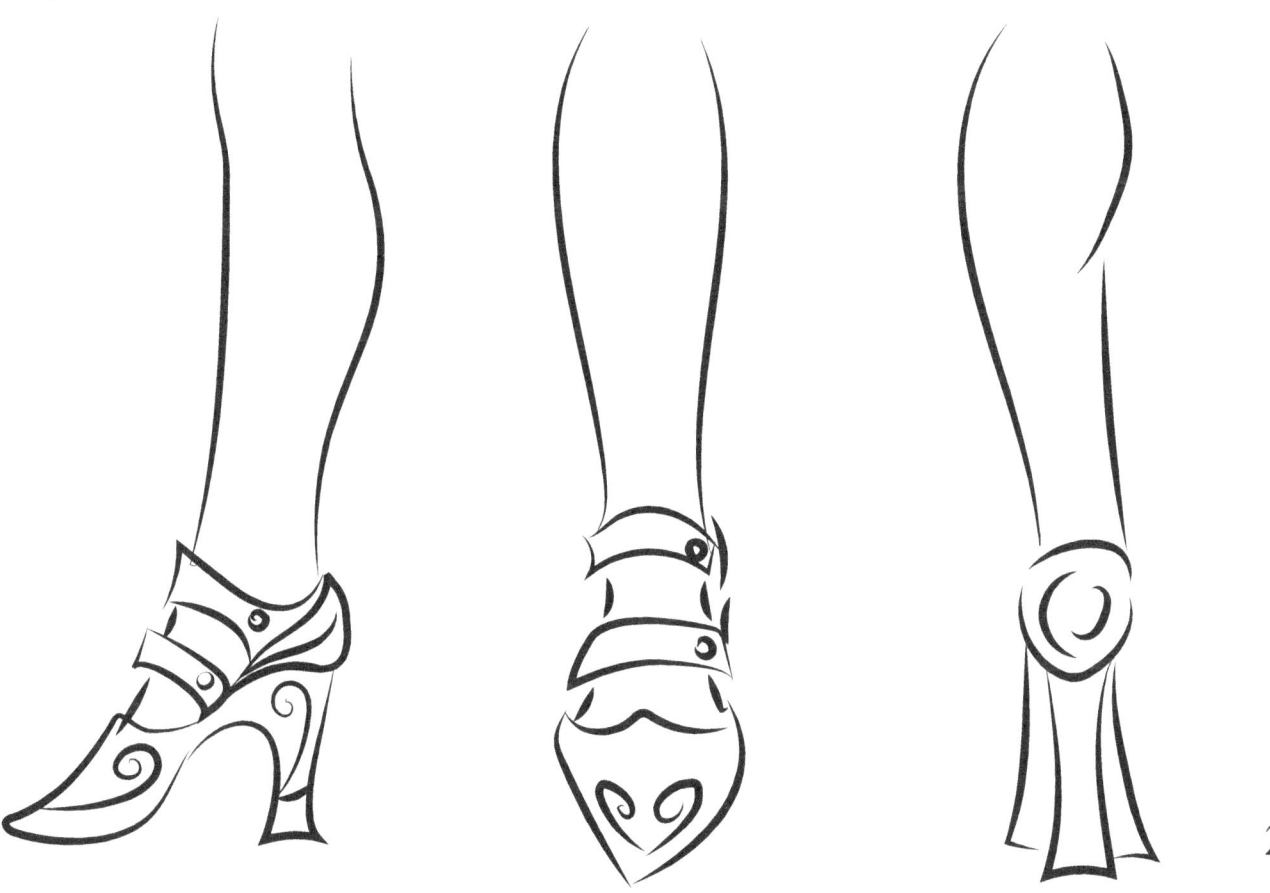

Dessiner des chaussures sur des pieds

Sandales

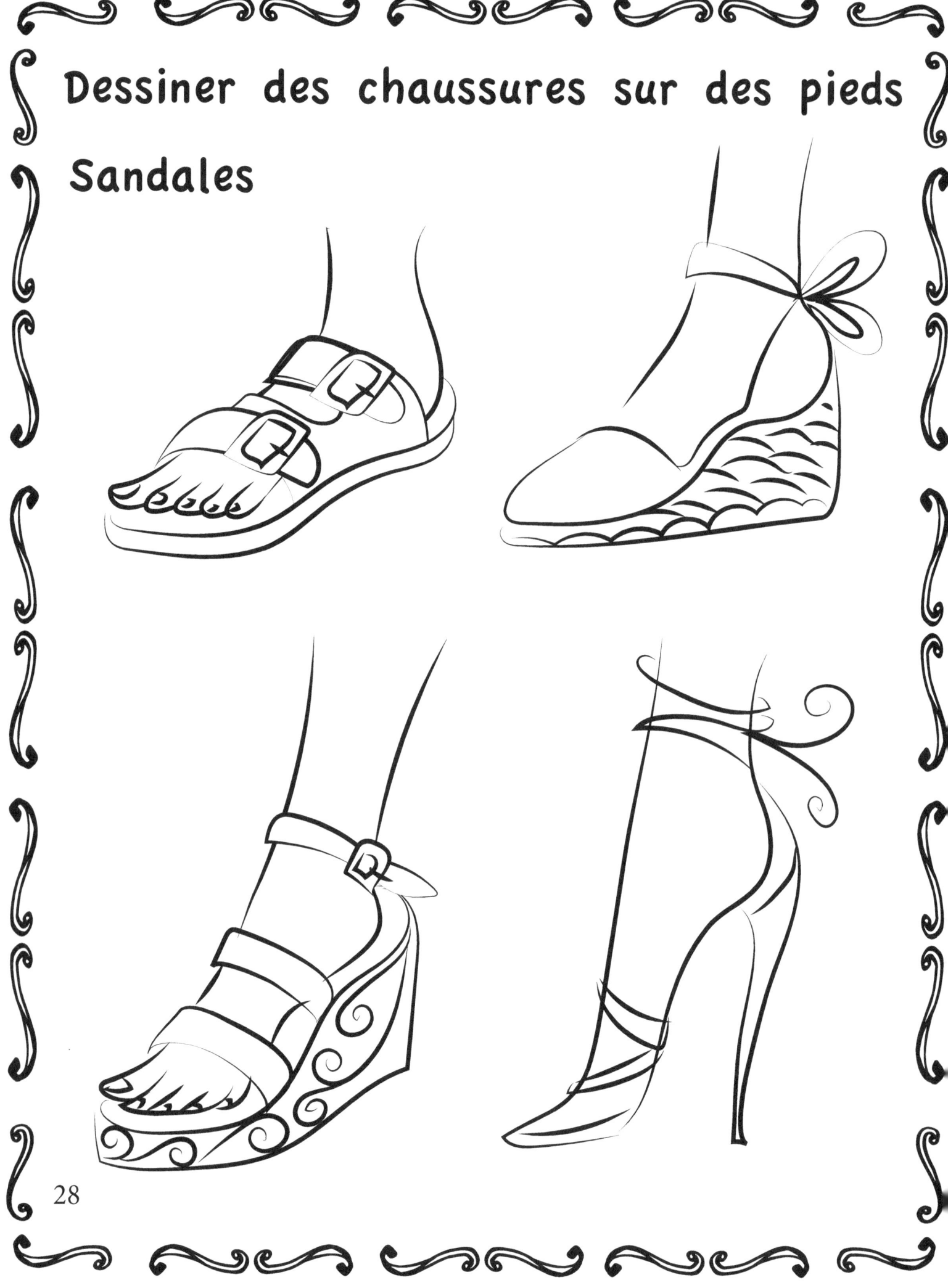

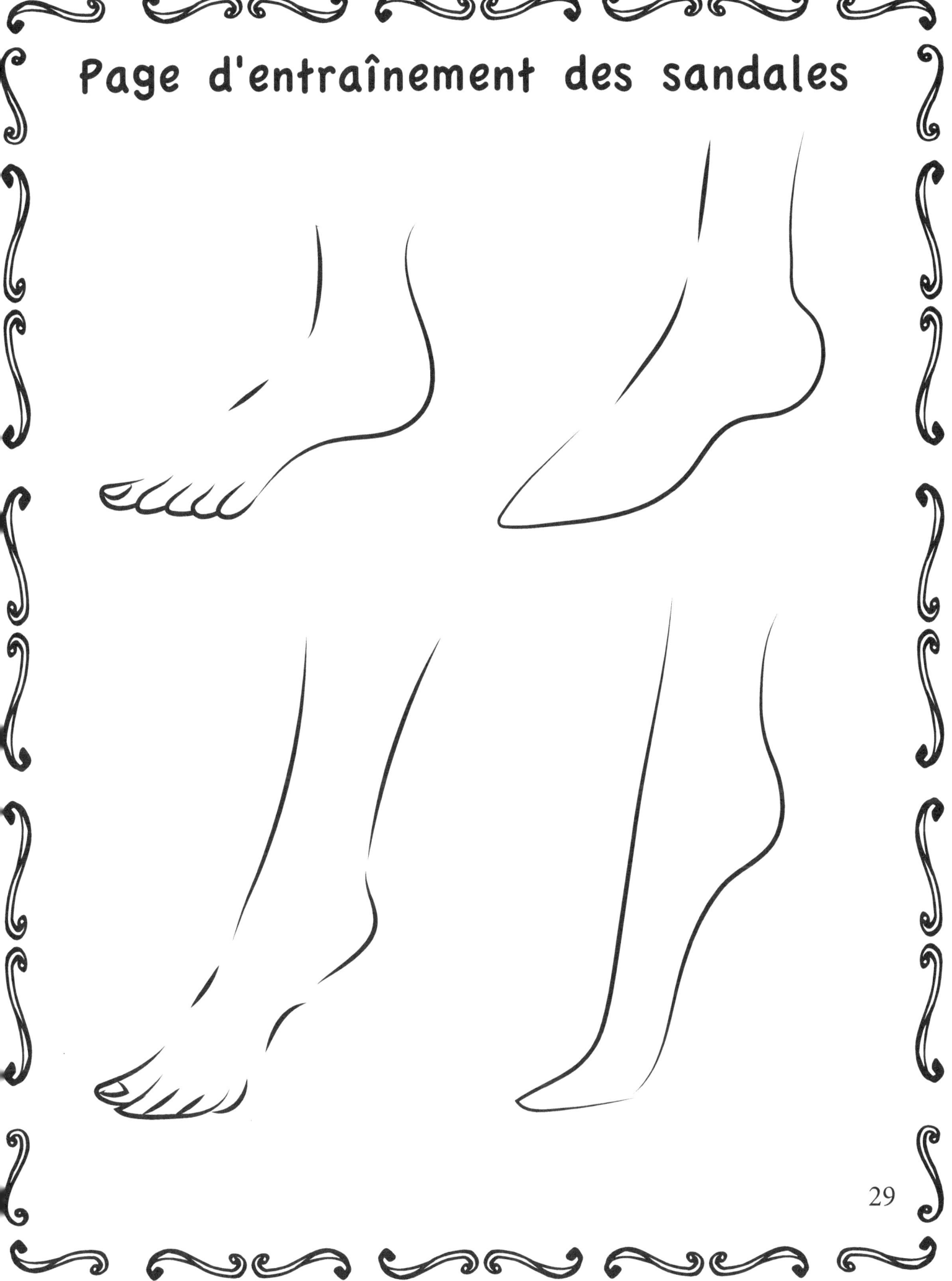

Chaussures de ville

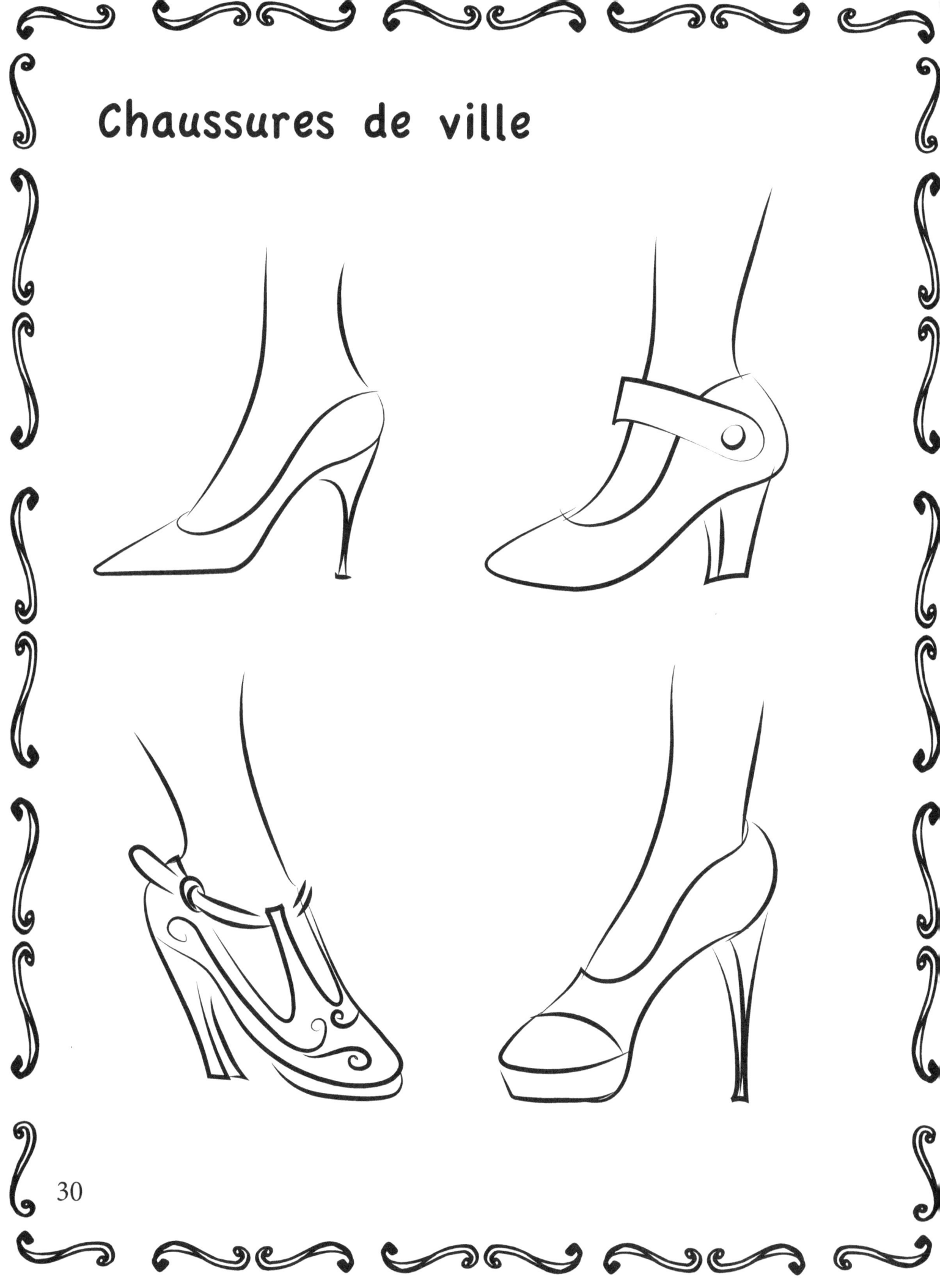

Chaussures de ville
Dessin d'entraînement

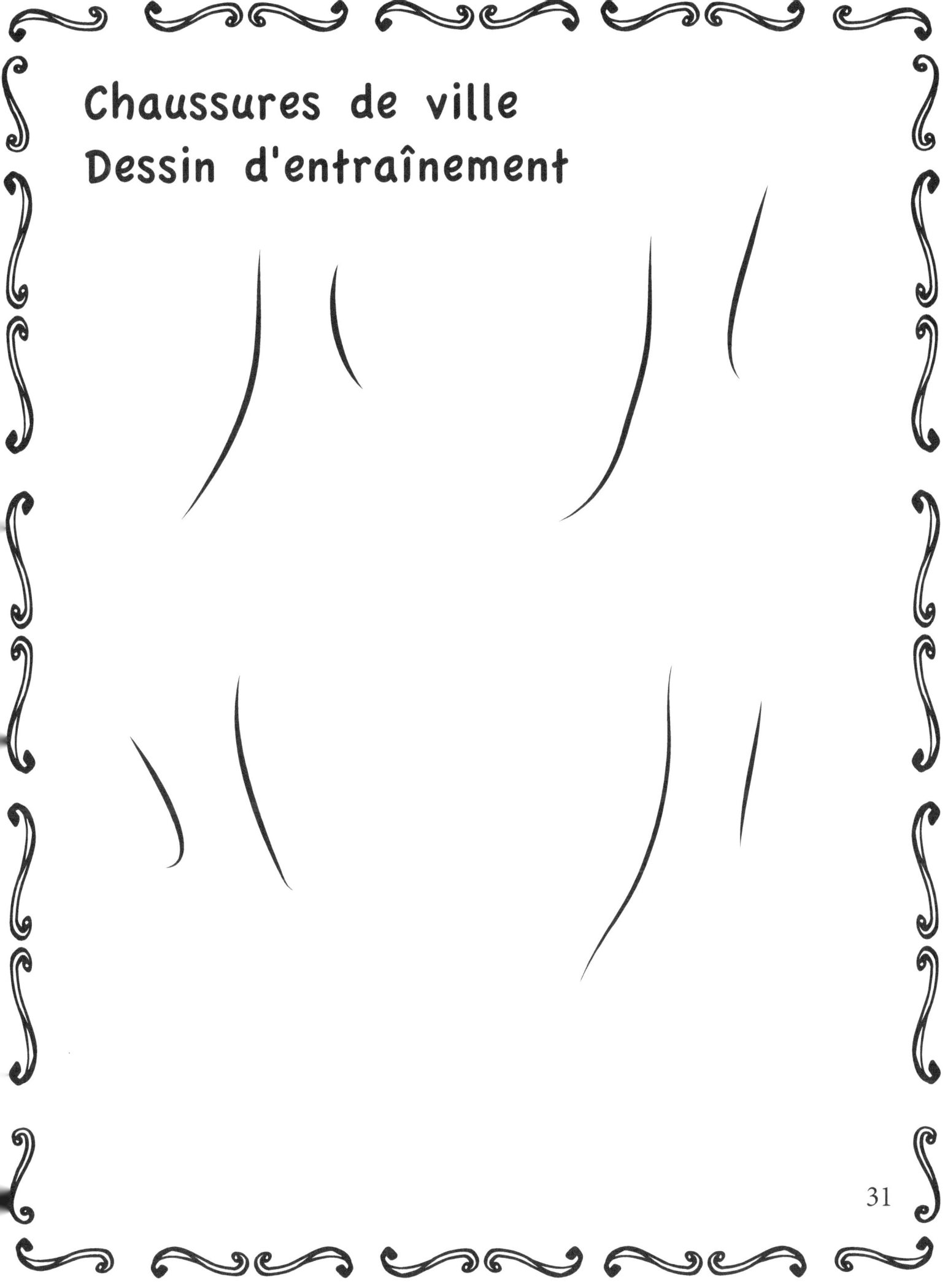

Baskets

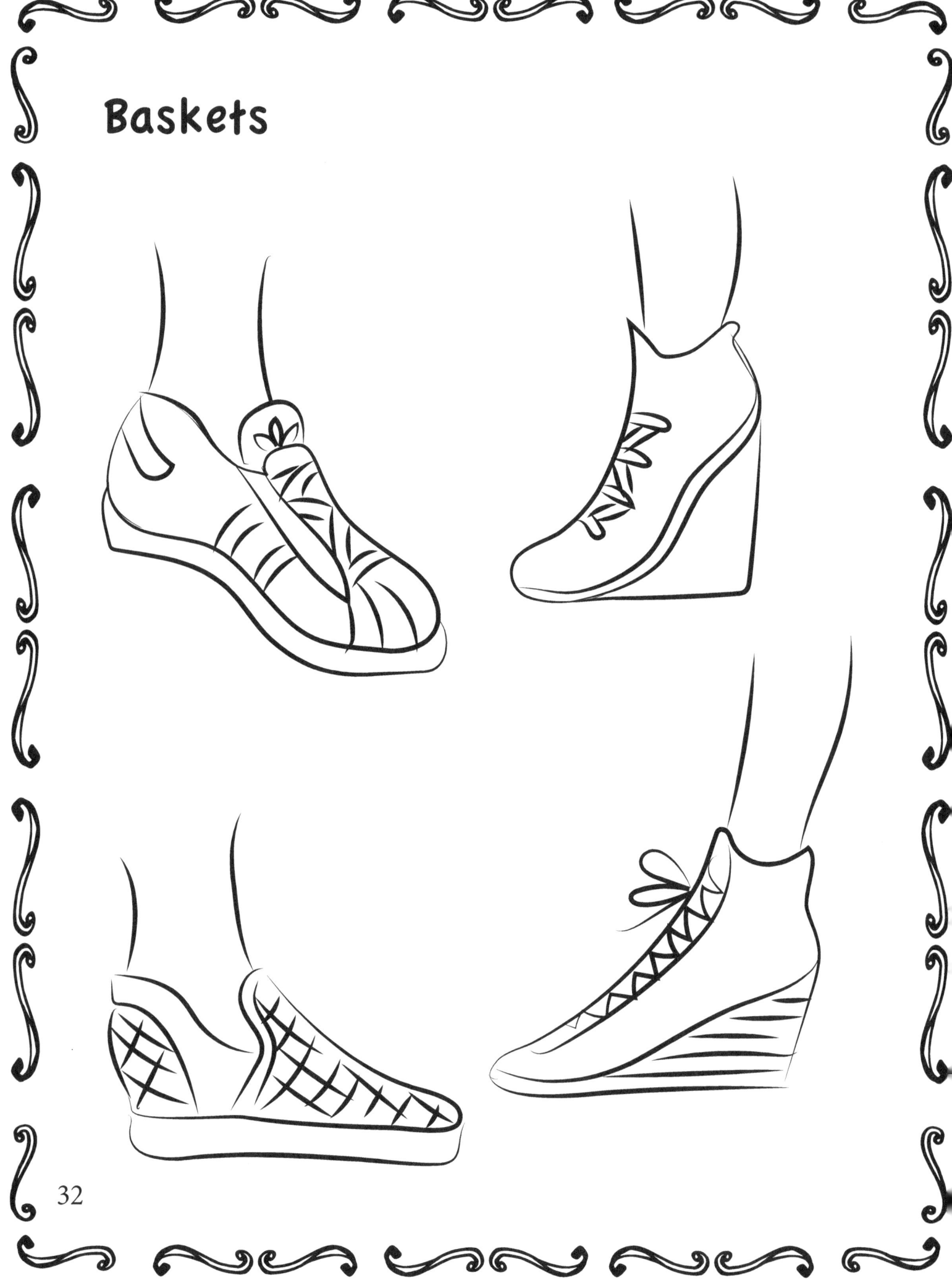

Baskets dessin d'entraînement

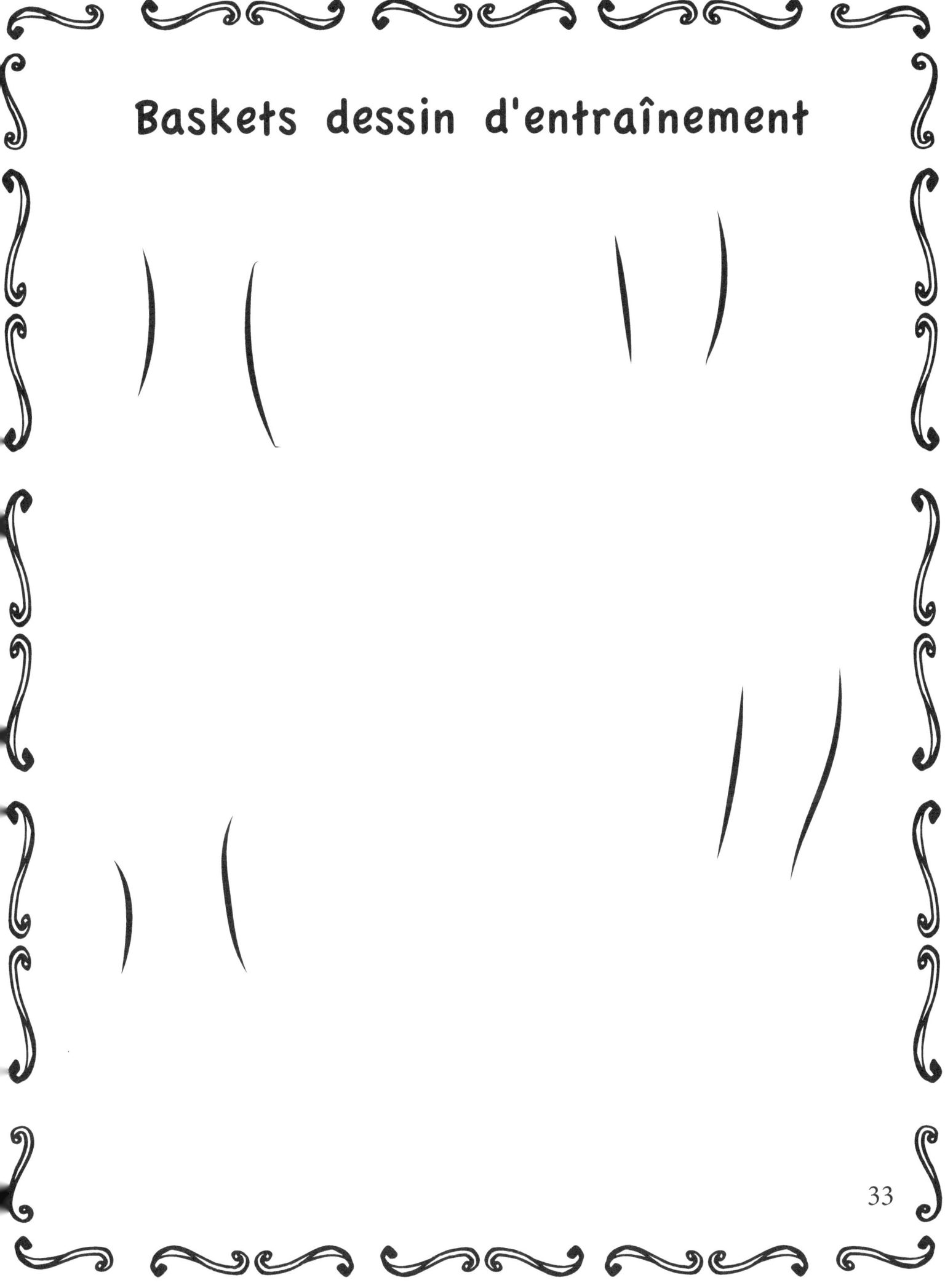

Chaussures pour hommes

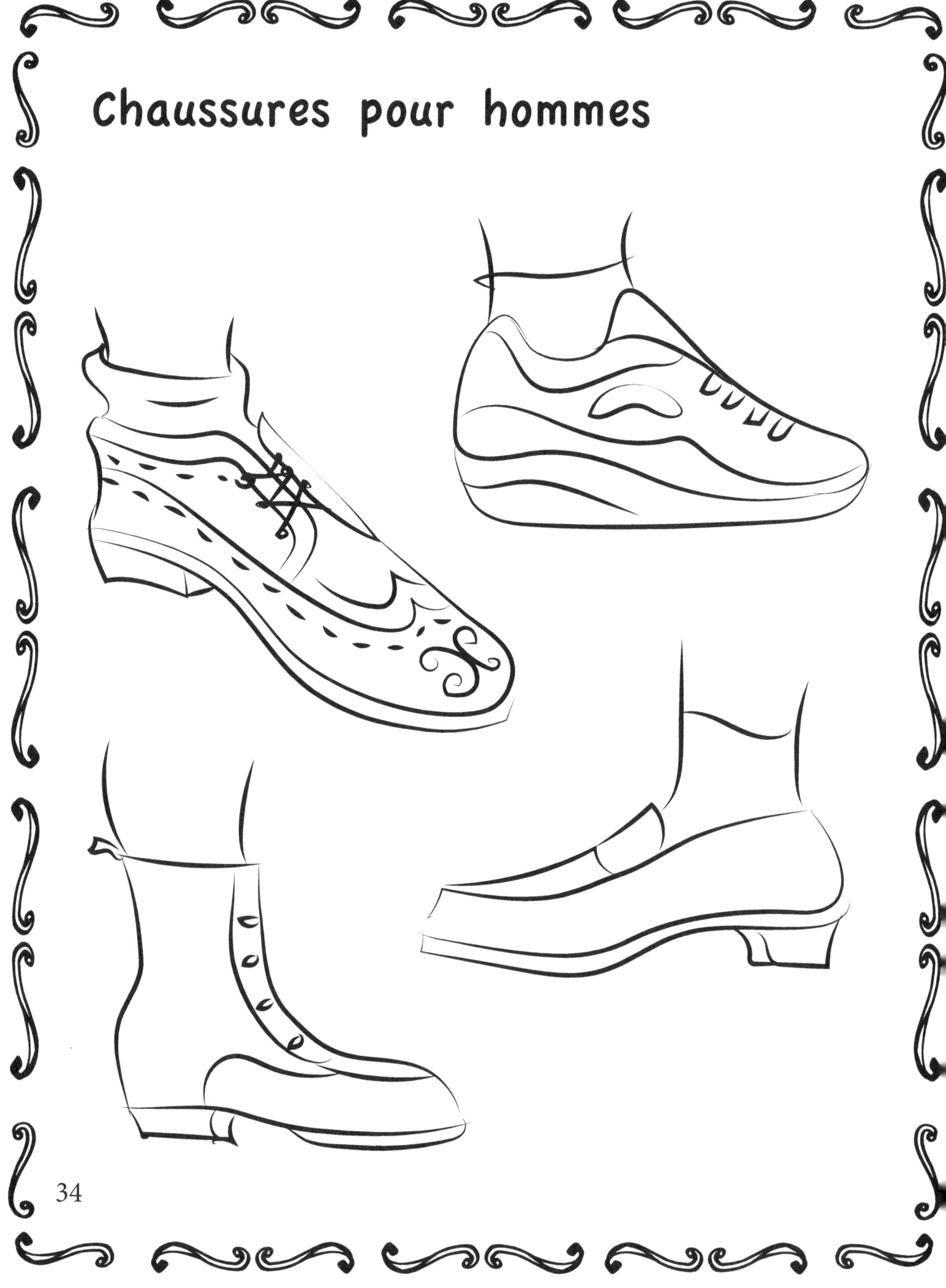

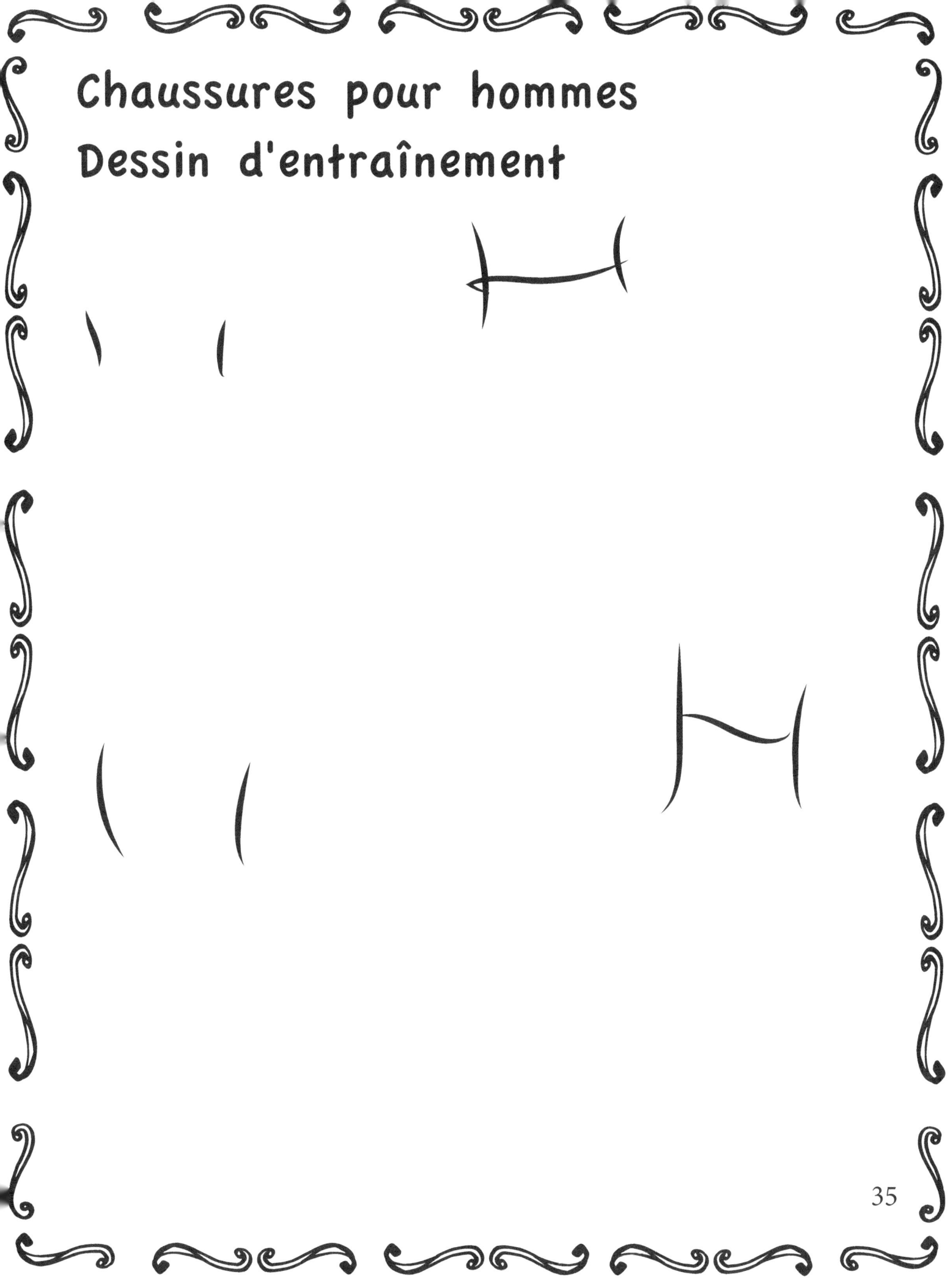

Dessiner des tenues de mode pour les saisons et les évènements

Lorsque nous dessinons les vêtements sur le corps, peu importe la simplicité de nos dessins et de nos traits, les dessins doivent être crédibles et professionnels.
Ceci peut être réalisé avec quelques conseils simples. Lorsqu'on dessine nos silhouettes de mode, faites attention à ne pas sur-dessiner les traits du visage, les rides, etc. N'oubliez pas que le vêtement est la chose la plus importante que nous devons montrer. Le vêtement doit être drapé autour du corps. Faites attention à quel point un vêtement est différent lorsqu'il est sur un cintre vs. quand il est porté par un mannequin. Le vêtement porté par un mannequin a des plis, se drape, il entoure le corps. Ceci peut être indiqué par quelques lignes courbes simples. Faîtes attention aux détails comme les imprimés, les motifs les boutons, les ceintures, les fermetures éclairs, les cravates, car tous ces détails peuvent encore plus apporter un effet réaliste.

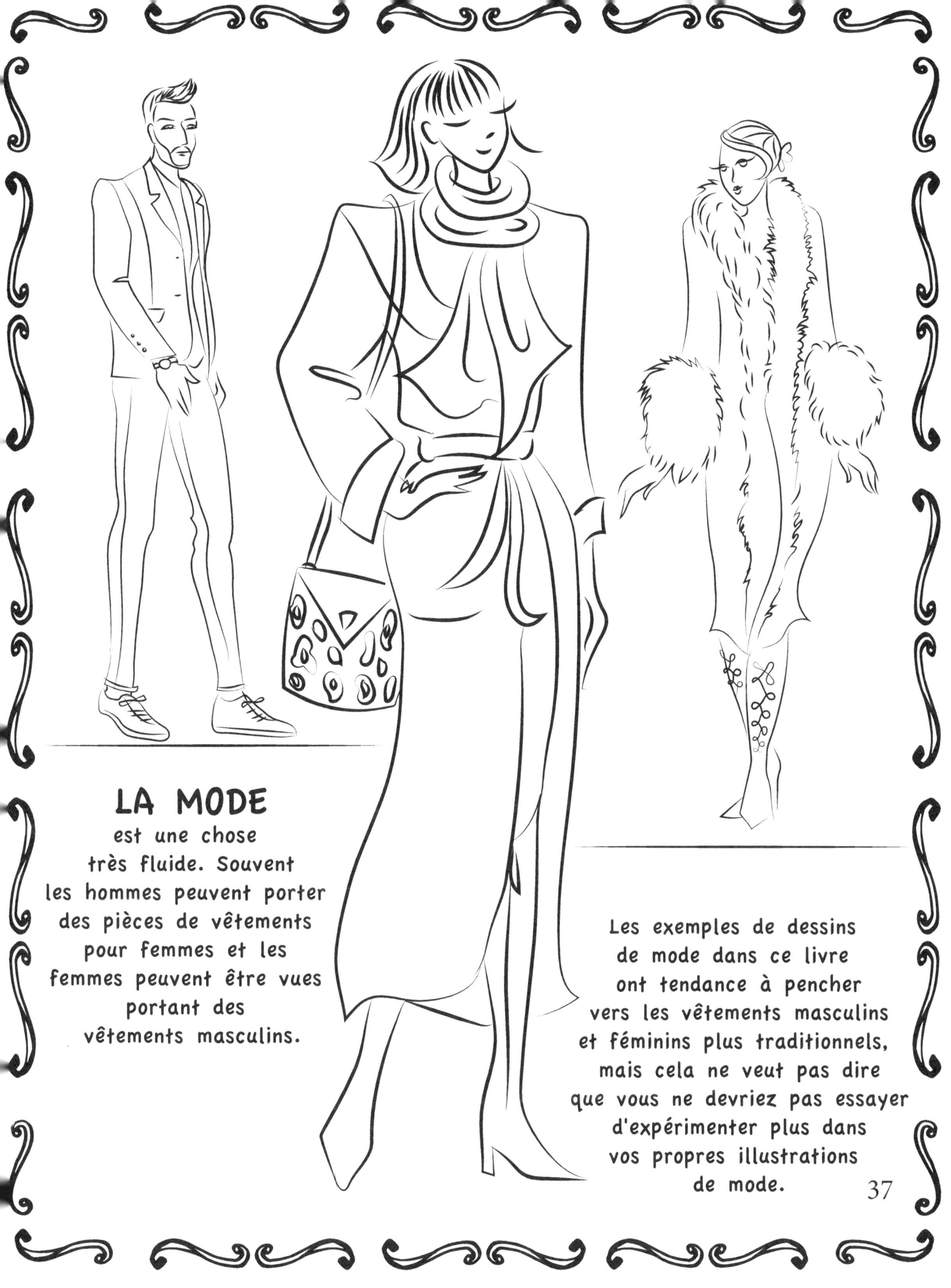

LA MODE

est une chose très fluide. Souvent les hommes peuvent porter des pièces de vêtements pour femmes et les femmes peuvent être vues portant des vêtements masculins.

Les exemples de dessins de mode dans ce livre ont tendance à pencher vers les vêtements masculins et féminins plus traditionnels, mais cela ne veut pas dire que vous ne devriez pas essayer d'expérimenter plus dans vos propres illustrations de mode.

Robes du soir

Les robes du soir sont généralement simples et élégantes, avec des silhouettes lisses et galbées. Les mannequins ont souvent leur cheveux attachés. Elles peuvent avoir des accessoires comme des boucles d'oreilles, des colliers, des bracelets, une petite pochette, un boa, ou une ceinture simple.

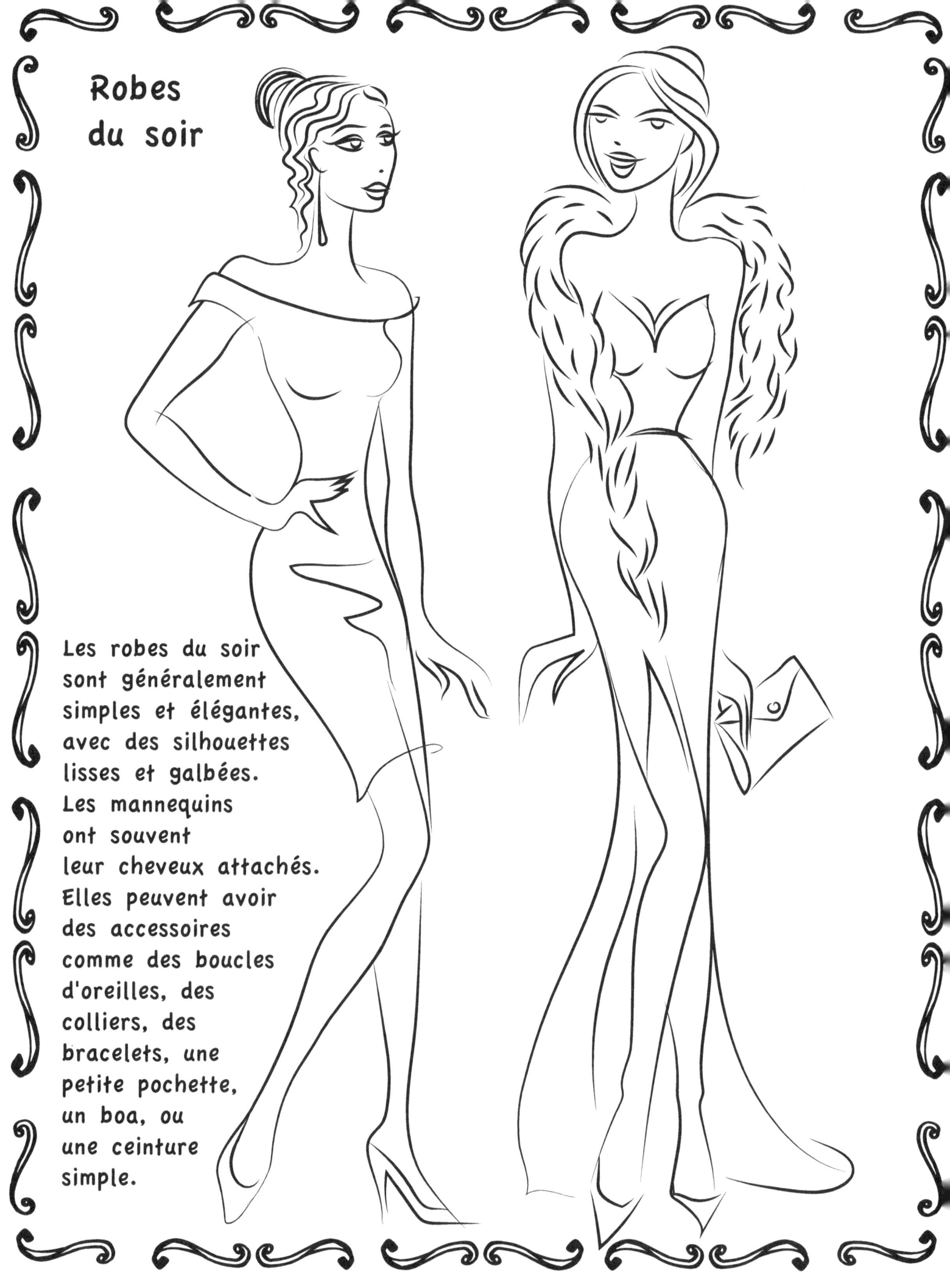

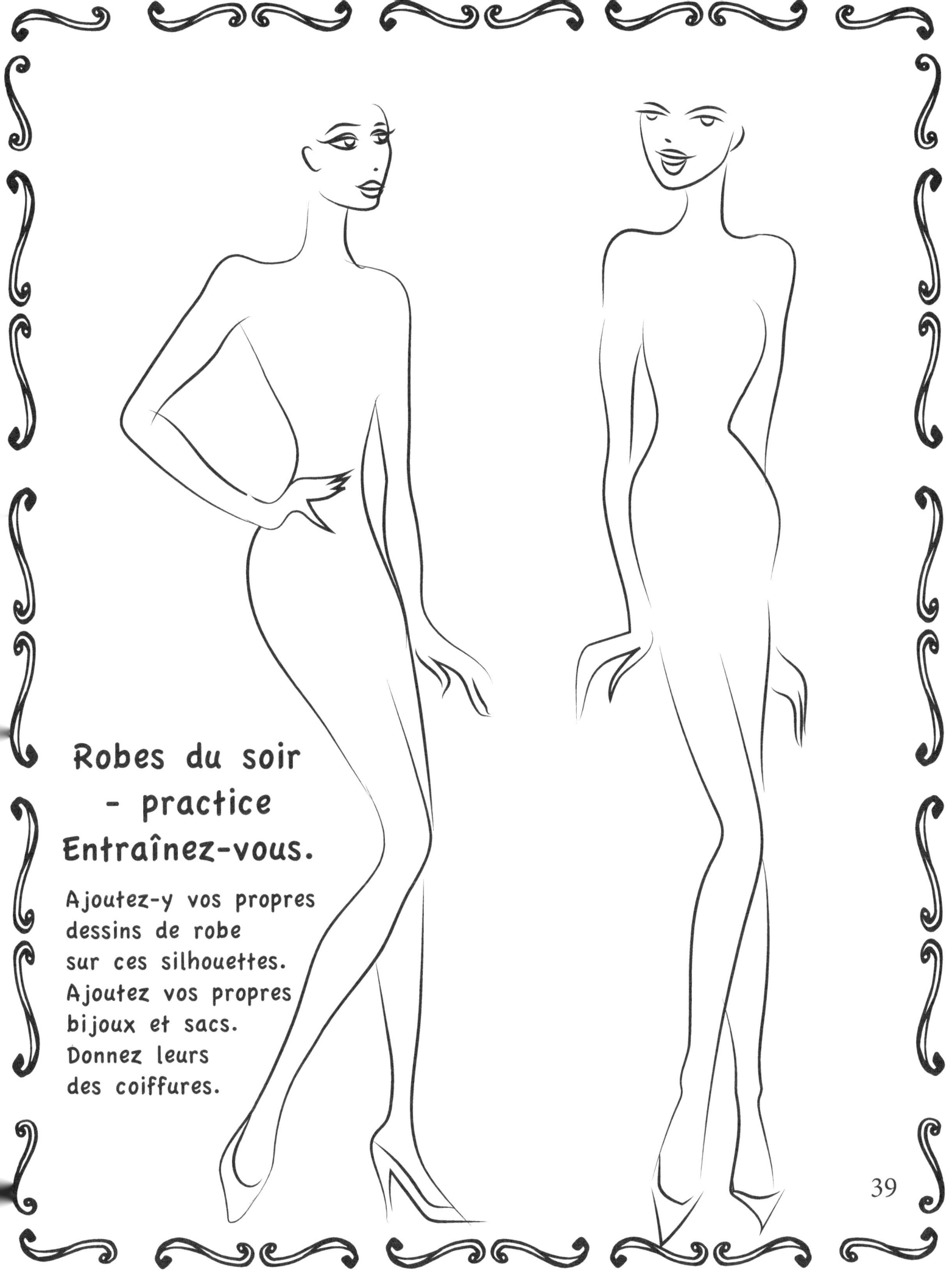

Robes du soir
- practice
Entraînez-vous.

Ajoutez-y vos propres dessins de robe sur ces silhouettes. Ajoutez vos propres bijoux et sacs. Donnez leurs des coiffures.

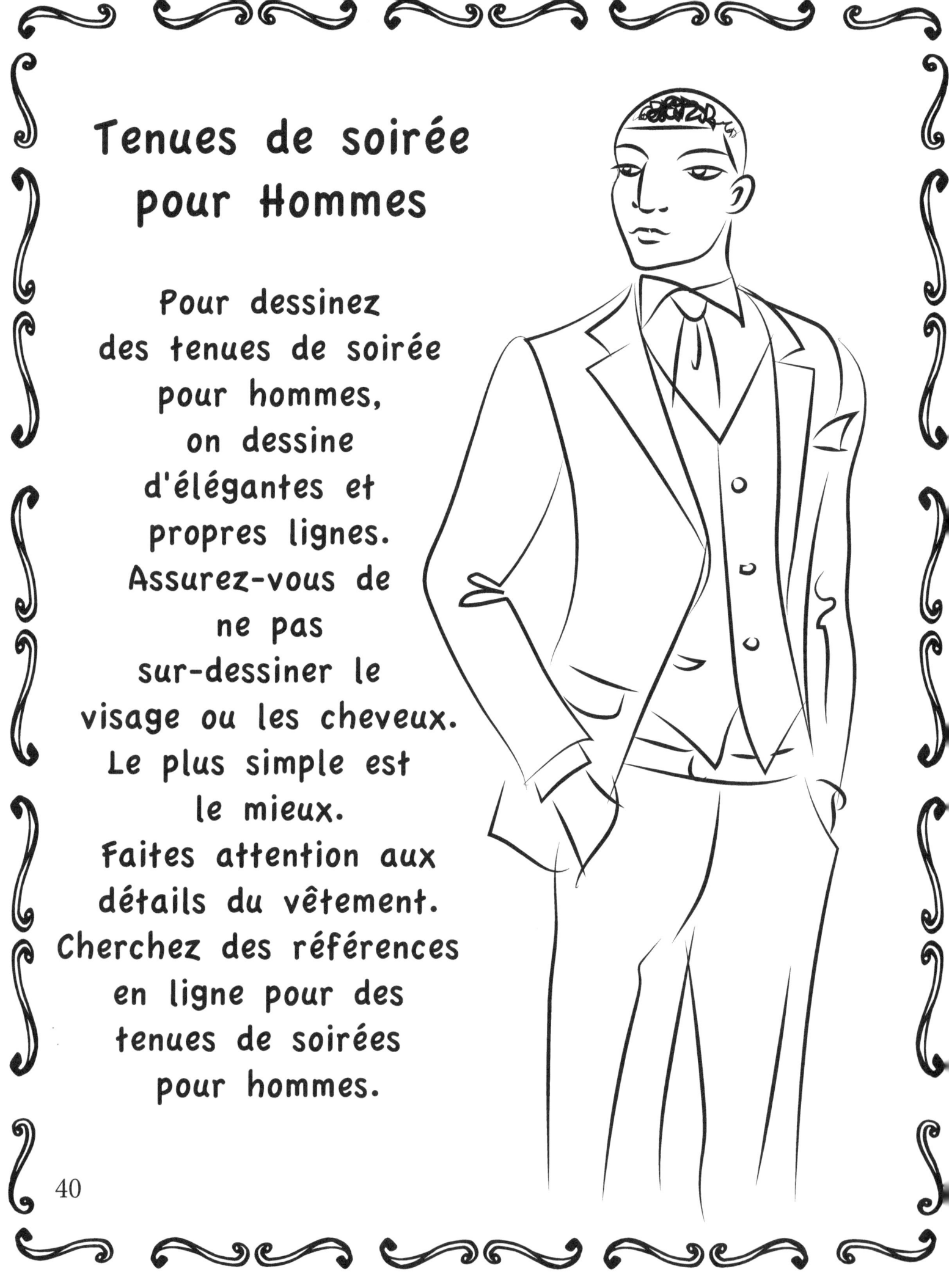

Tenues de soirée pour Hommes

Pour dessinez des tenues de soirée pour hommes, on dessine d'élégantes et propres lignes. Assurez-vous de ne pas sur-dessiner le visage ou les cheveux. Le plus simple est le mieux. Faites attention aux détails du vêtement. Cherchez des références en ligne pour des tenues de soirées pour hommes.

Tenues de soirée
pour Hommes
Entraînez-vous.

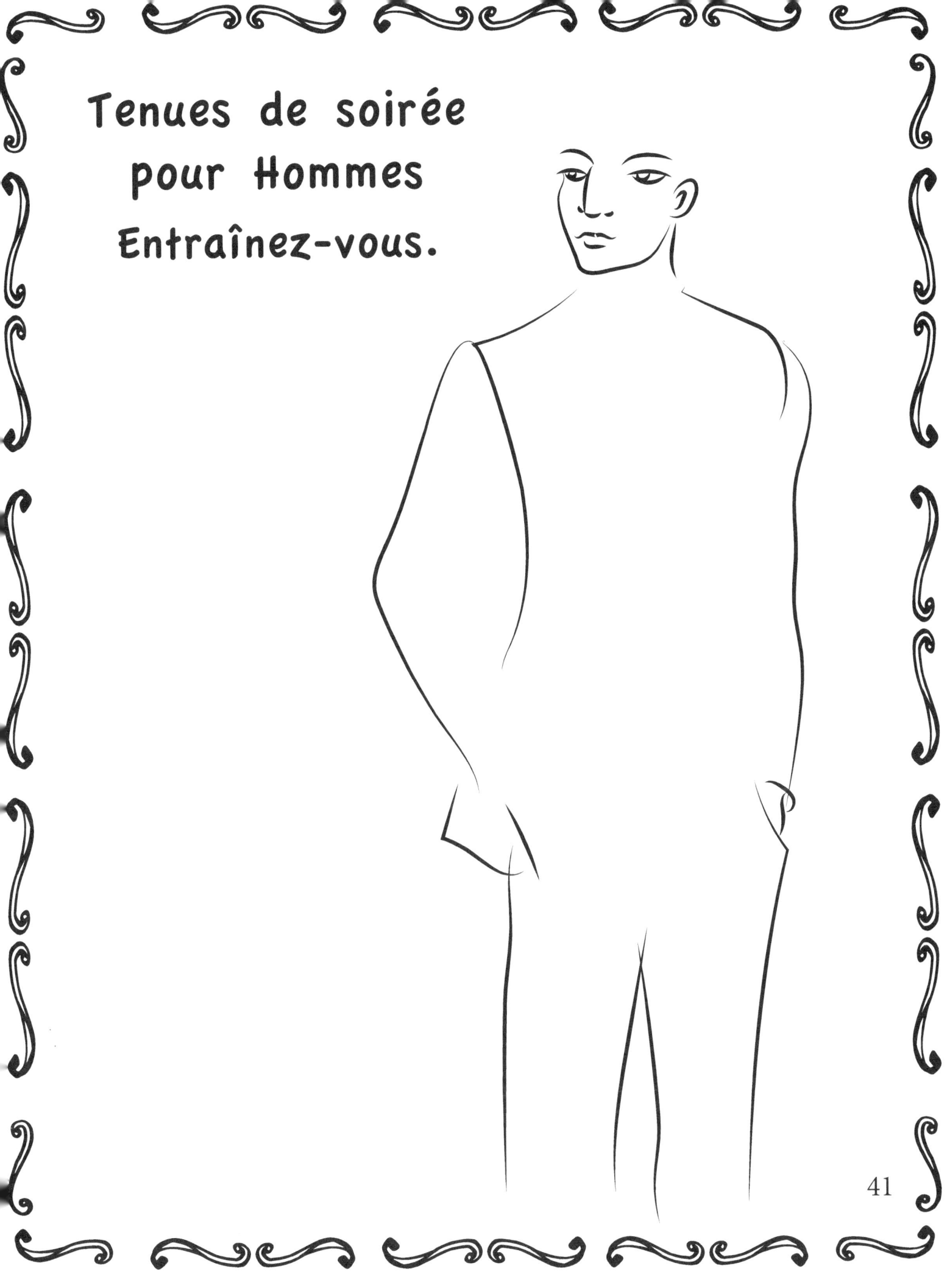

Tenues d'Automne - Femmes

L'automne signifie beaucoup d'accessoires comme des écharpes, des sacs de jolies bottes. L'automne, ça signifie de somptueux pulls chauds, des vestes élégantes doublées et des cardigans. On voit beaucoup de motif « argyle », d'imprimé léopard, de pied-de-poule et plus encore.

Indiquez avec des lignes épurées que les vêtements se drapent autour de la silhouette. On veut les voir « portées » les vêtements. Vous pouvez également montrer les plis et les drapés de la même manière. Tout ce dont vous avez vraiment besoin sont quelques très simples lignes courtes et vous allez pouvoir montrer l'impression du vêtements sur le corps.

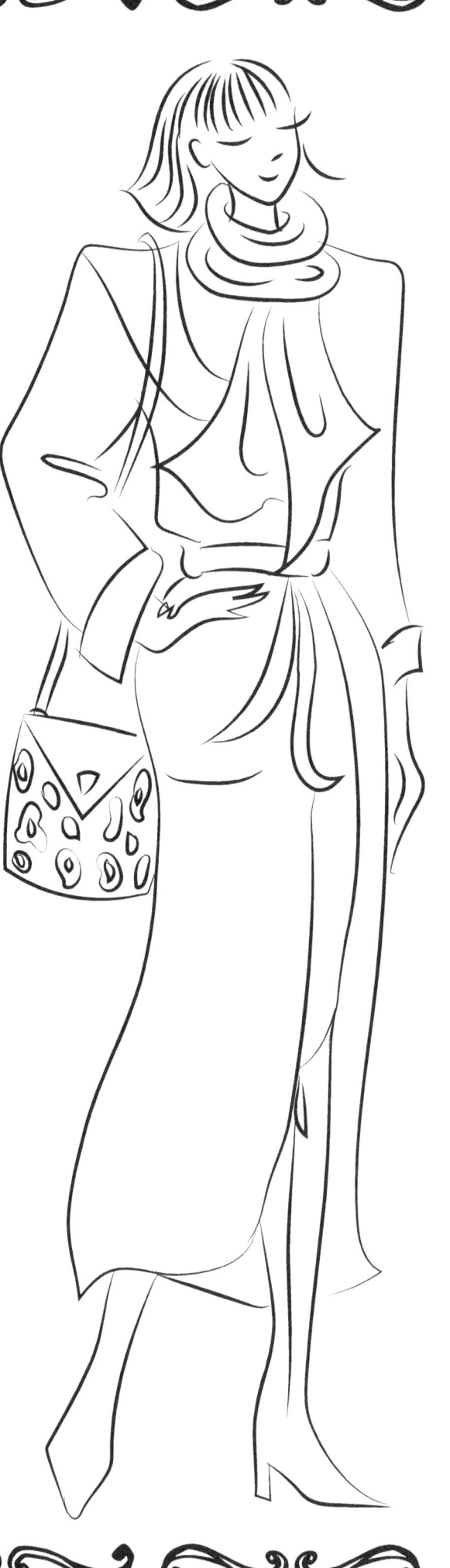

Tenues d'Automne - Femmes
Entraînez-vous.

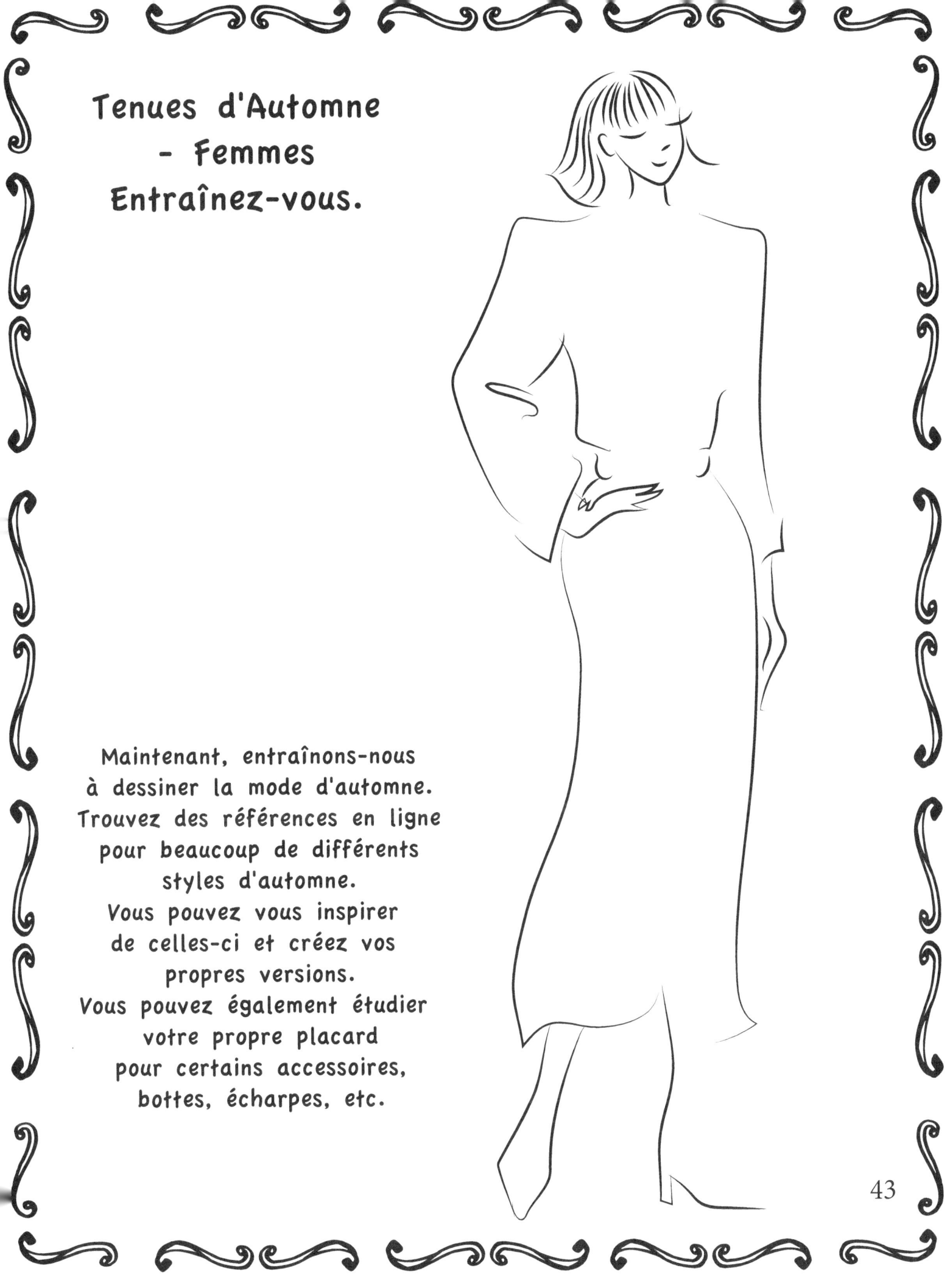

Maintenant, entraînons-nous à dessiner la mode d'automne. Trouvez des références en ligne pour beaucoup de différents styles d'automne.
Vous pouvez vous inspirer de celles-ci et créez vos propres versions.
Vous pouvez également étudier votre propre placard pour certains accessoires, bottes, écharpes, etc.

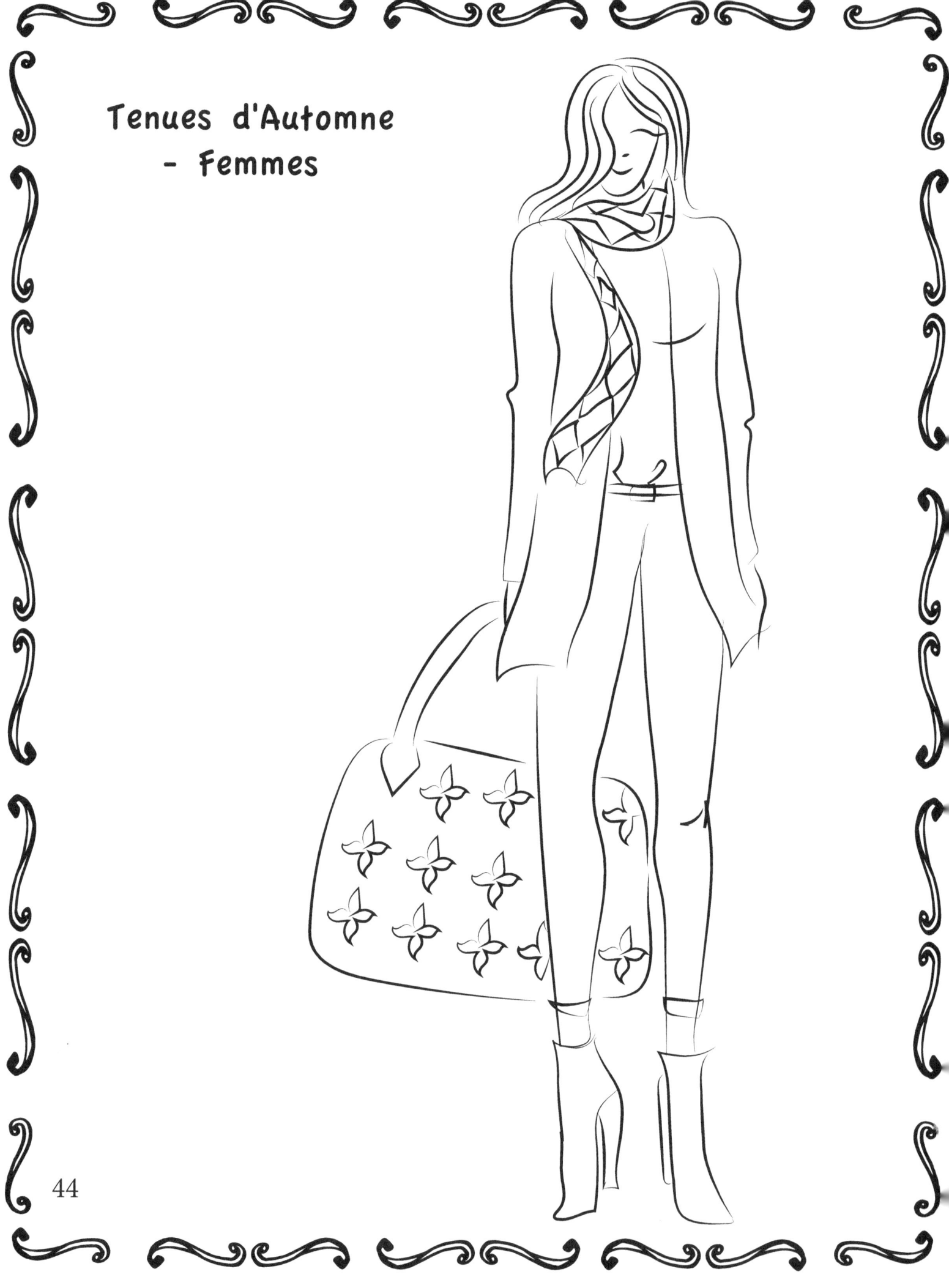

Tenues d'Automne - Femmes

Tenues d'Automne
- Femmes
Entraînez-vous.

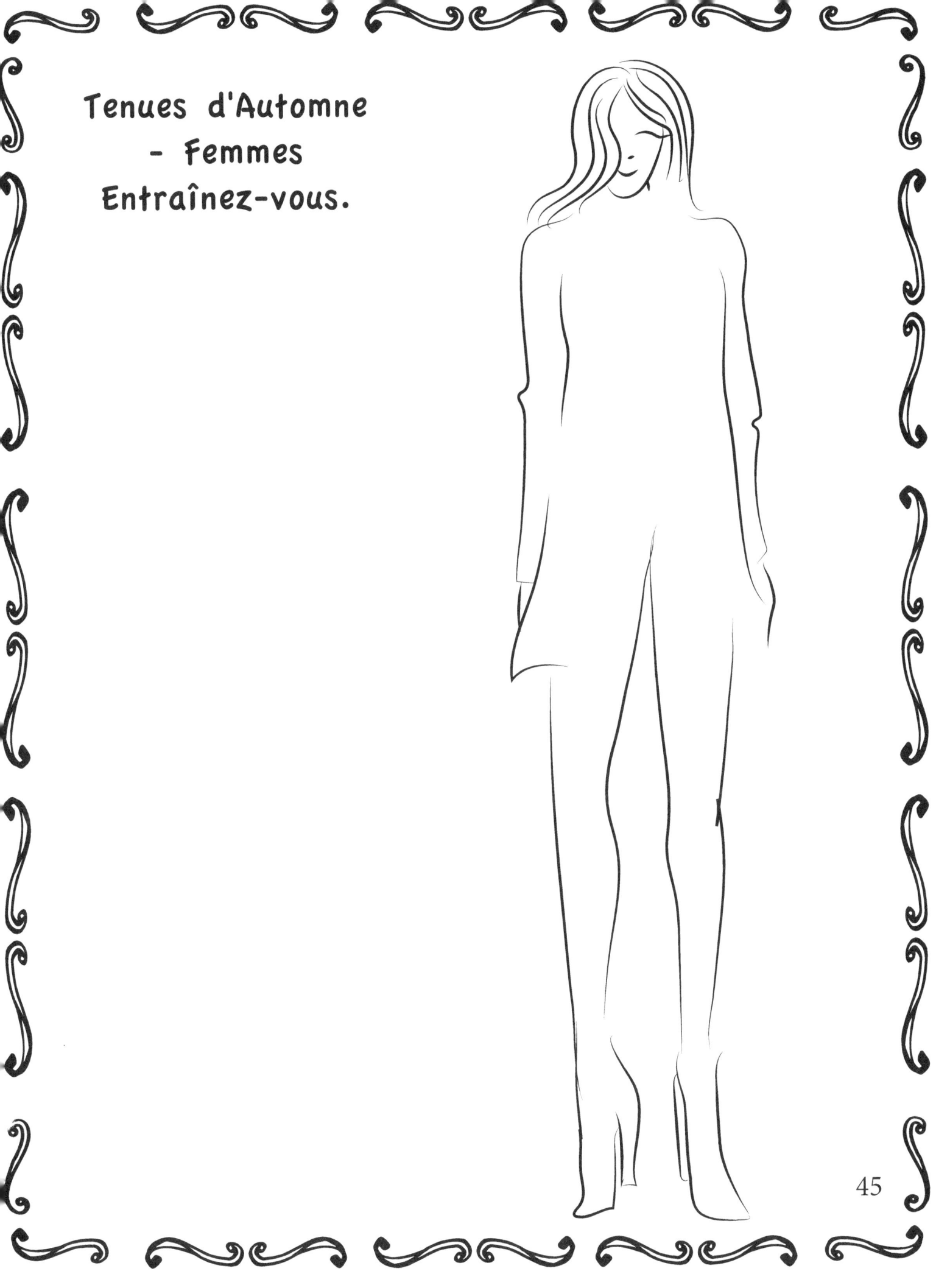

Tenues d'Automne - Hommes

Voici un dessin en gros plan d'une tenue de mode d'automne pour hommes.

À l'automne, on porte beaucoup de d'écharpes, de pulls, de doudounes, de chapeaux, de gants, de vestes en cuir, et autres pièces confortables.

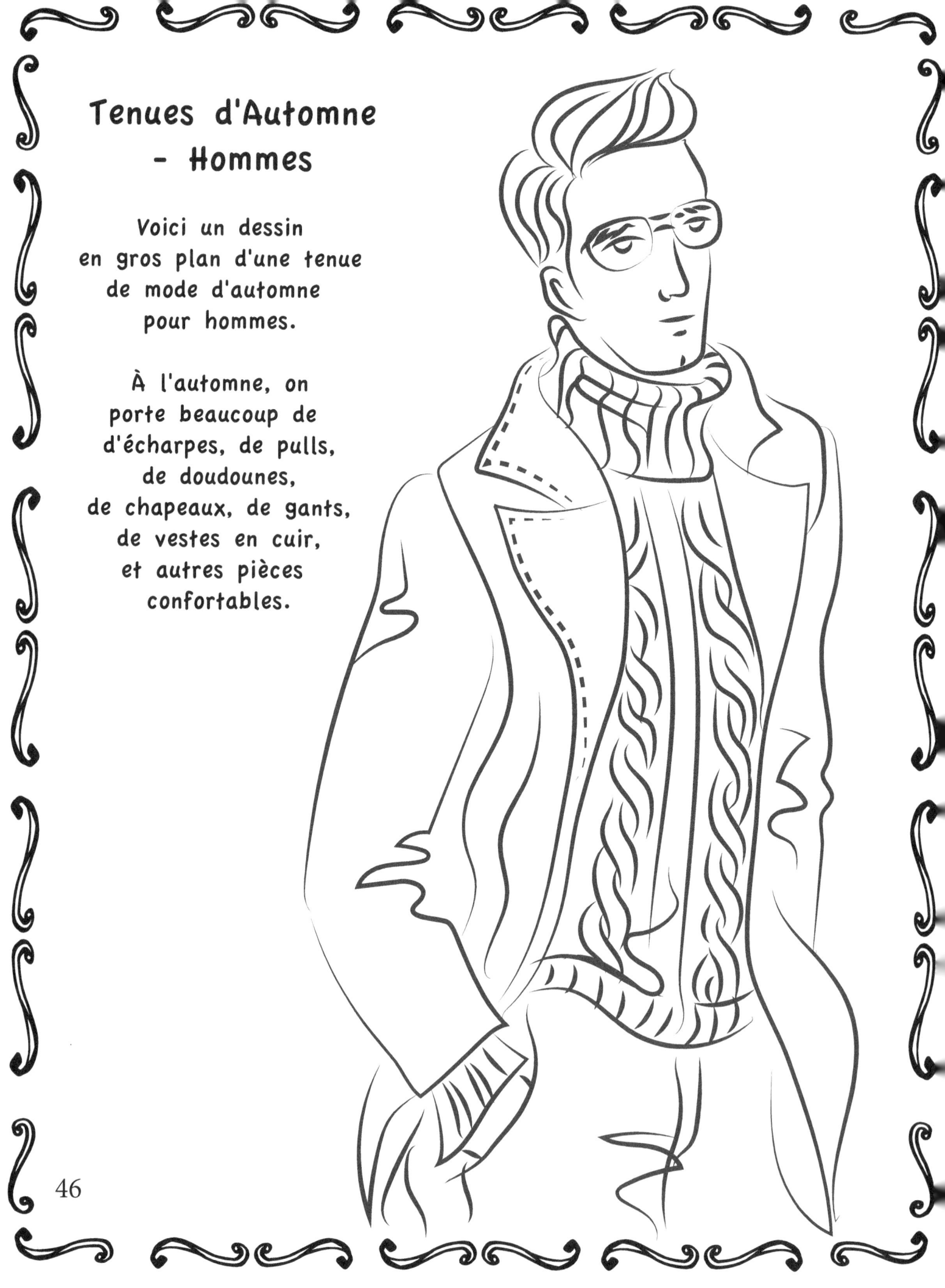

Tenues d'Automne - Hommes
Entraînez-vous.

Maintenant, entraînons-nous à dessiner la mode masculine d'automne. Complétez le dessin selon l'exemple à gauche. Ajoutez-y vos propres style si vous le voulez. Utiliser des références de photos ou de vidéos en ligne.

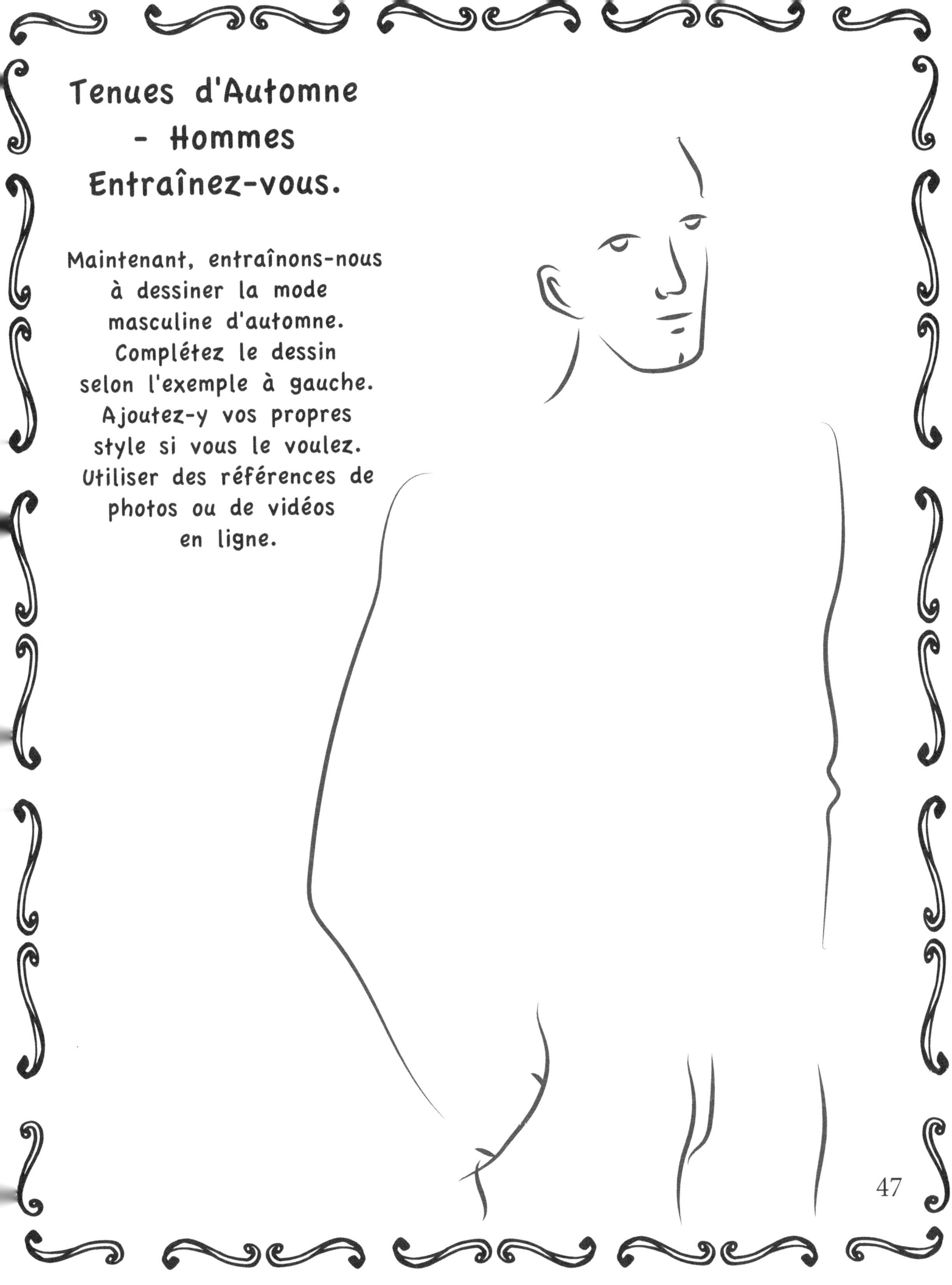

Tenues d'Hiver - Femme

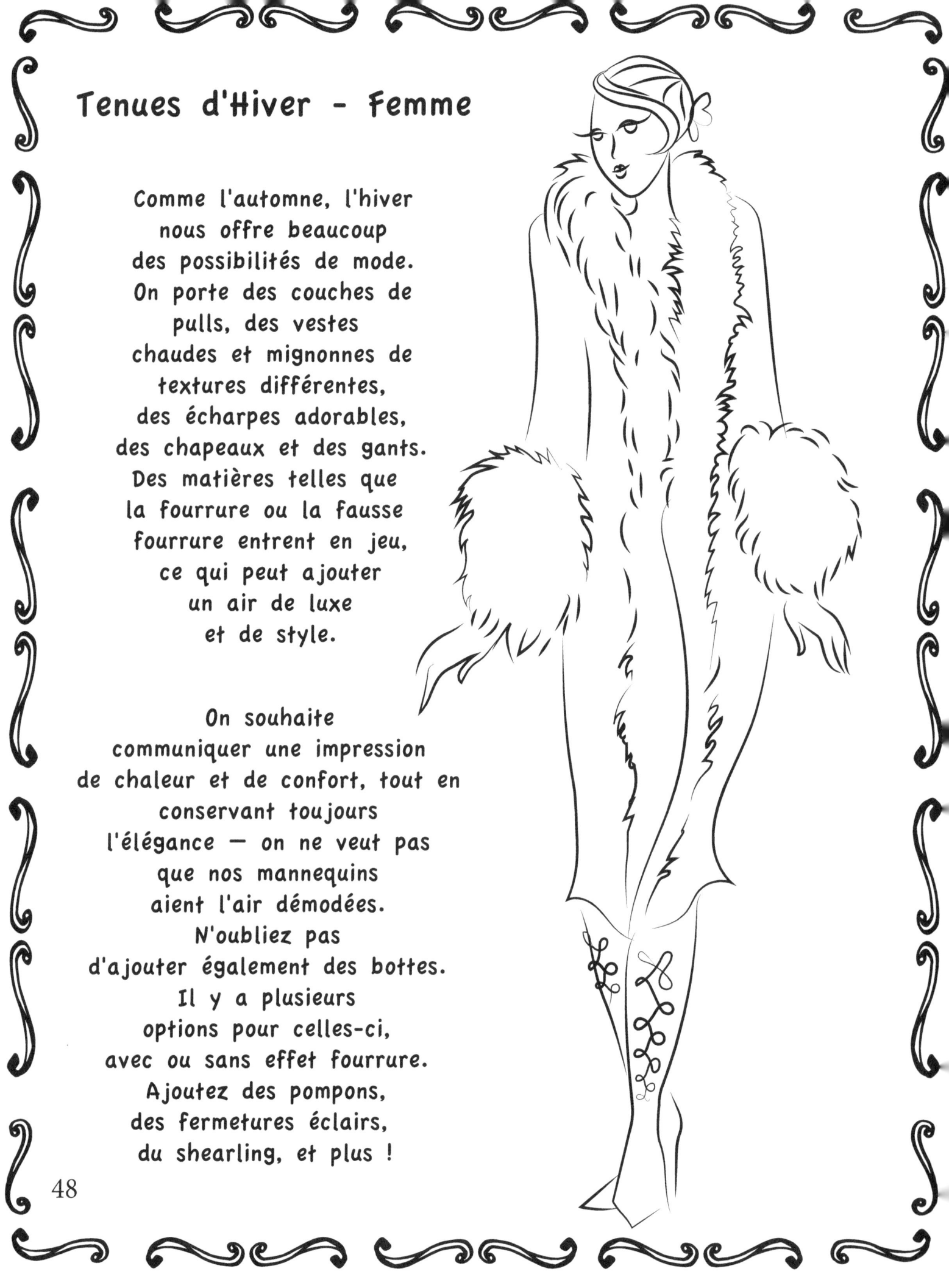

Comme l'automne, l'hiver nous offre beaucoup des possibilités de mode. On porte des couches de pulls, des vestes chaudes et mignonnes de textures différentes, des écharpes adorables, des chapeaux et des gants. Des matières telles que la fourrure ou la fausse fourrure entrent en jeu, ce qui peut ajouter un air de luxe et de style.

On souhaite communiquer une impression de chaleur et de confort, tout en conservant toujours l'élégance — on ne veut pas que nos mannequins aient l'air démodées. N'oubliez pas d'ajouter également des bottes. Il y a plusieurs options pour celles-ci, avec ou sans effet fourrure. Ajoutez des pompons, des fermetures éclairs, du shearling, et plus !

Tenues d'Hiver - Femme
Entraînez-vous.

Maintenant, entraînons-nous à dessiner la mode d'hiver.
Trouvez des références en ligne pour beaucoup de différents styles d'hiver.
Vous pouvez vous inspirer de celles-ci et créez vos propres versions.
Vous pouvez également étudier votre propre placard pour certains accessoires, bottes, manteaux, écharpes, gants, sacs, etc.

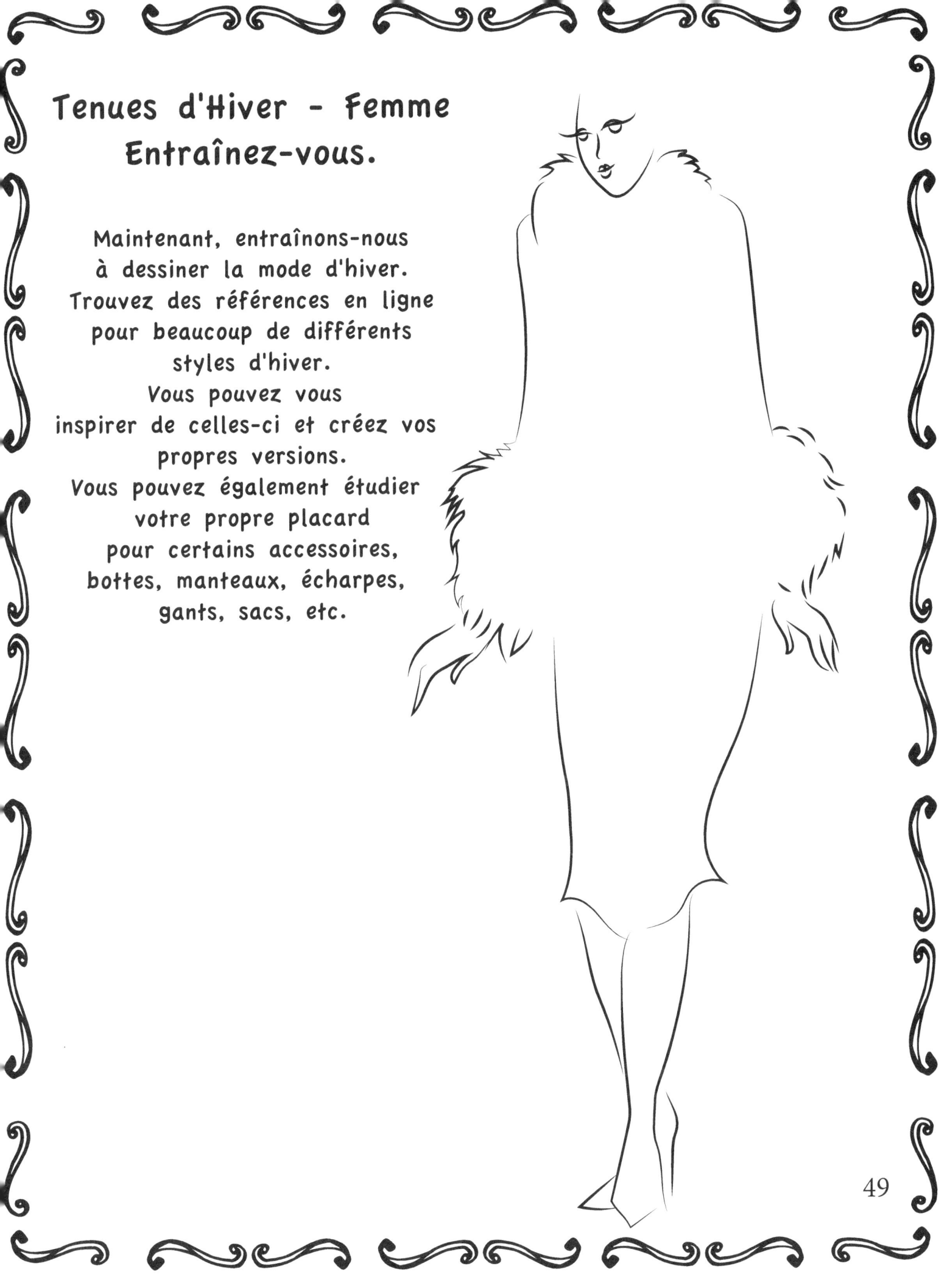

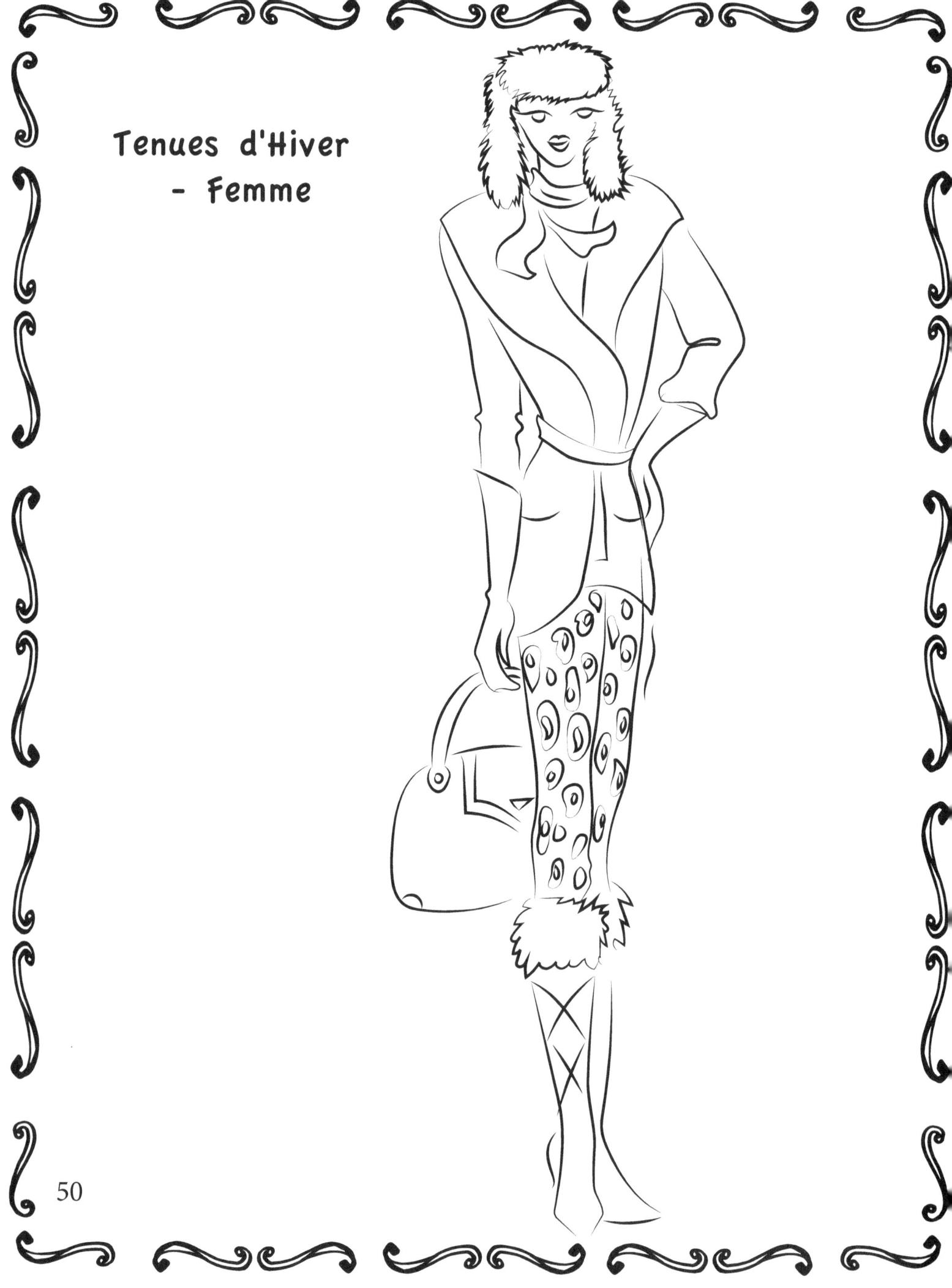
Tenues d'Hiver - Femme

Tenues d'Hiver - Femme
Entraînez-vous.

Maintenant, entraînons-nous à dessiner la mode d'hiver. Trouvez des références en ligne pour beaucoup de différents styles d'hiver.
Vous pouvez vous inspirer de celles-ci et créez vos propres versions.
Vous pouvez également étudier votre propre placard pour certains accessoires, bottes, manteaux, écharpes, gants, sacs, etc.

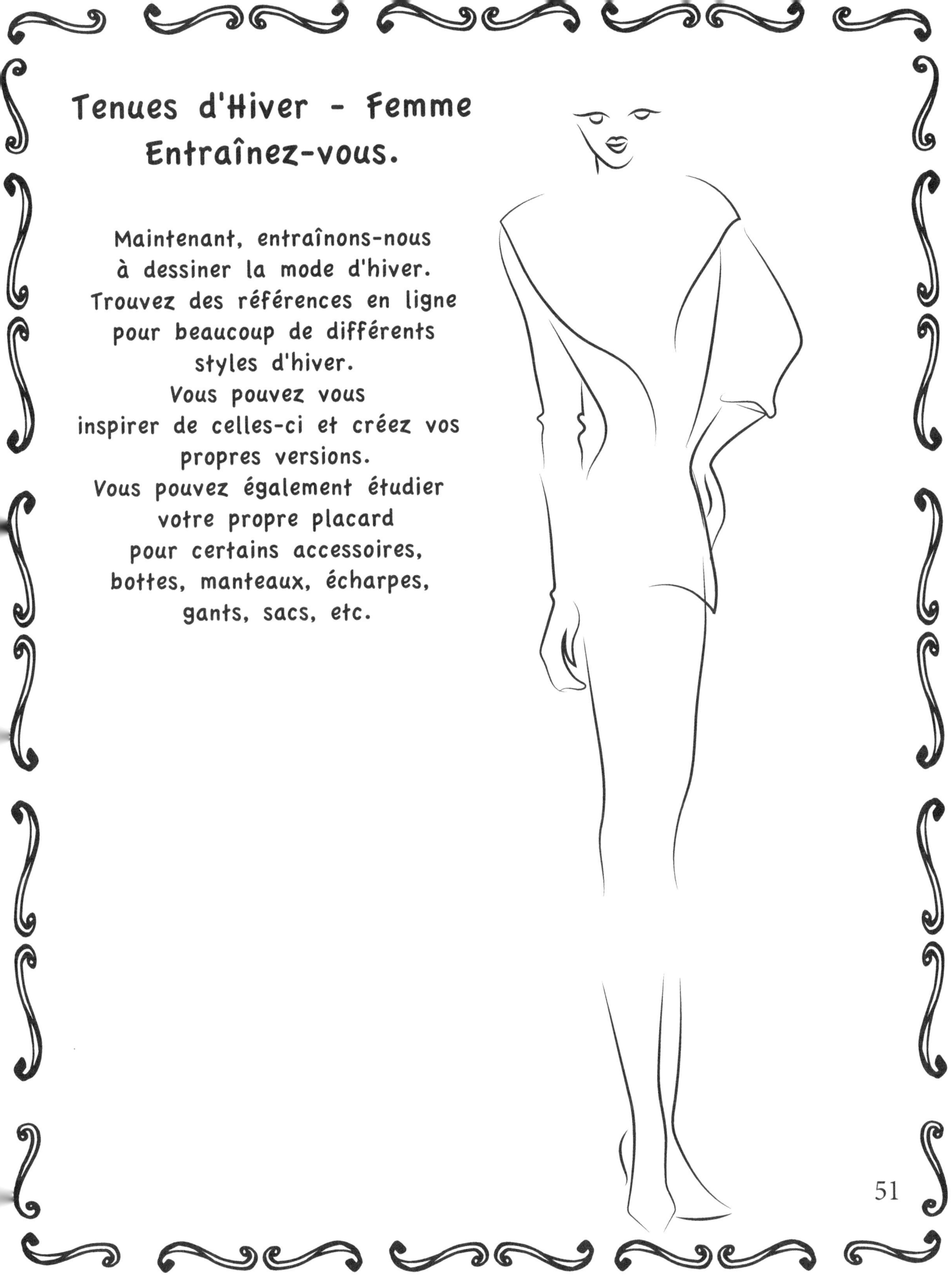

Tenues d'Hiver - Hommes

La mode masculine suit beaucoup de règles similaires à la mode féminine.
La mode masculine est plus sobre, pas aussi extravagant et froufrou.
On utilise moins d'accessoires que pour les femmes.
Les hommes doivent avoir l'air élégant, masculin, mais toujours à la mode.
Faites attention aux la posture.
Les poses des hommes sont plus sobres que celles des femmes. Ils ont souvent les mains dans leurs poches de pantalon, ou dans leur poches de vestes. Au lieu de tourner les mains vers l'extérieur, gardez les près du corps.

Quand on dessine la mode, on n'a pas toujours à dessiner le corps complet. Parfois, on peut dessiner plus en gros plans.

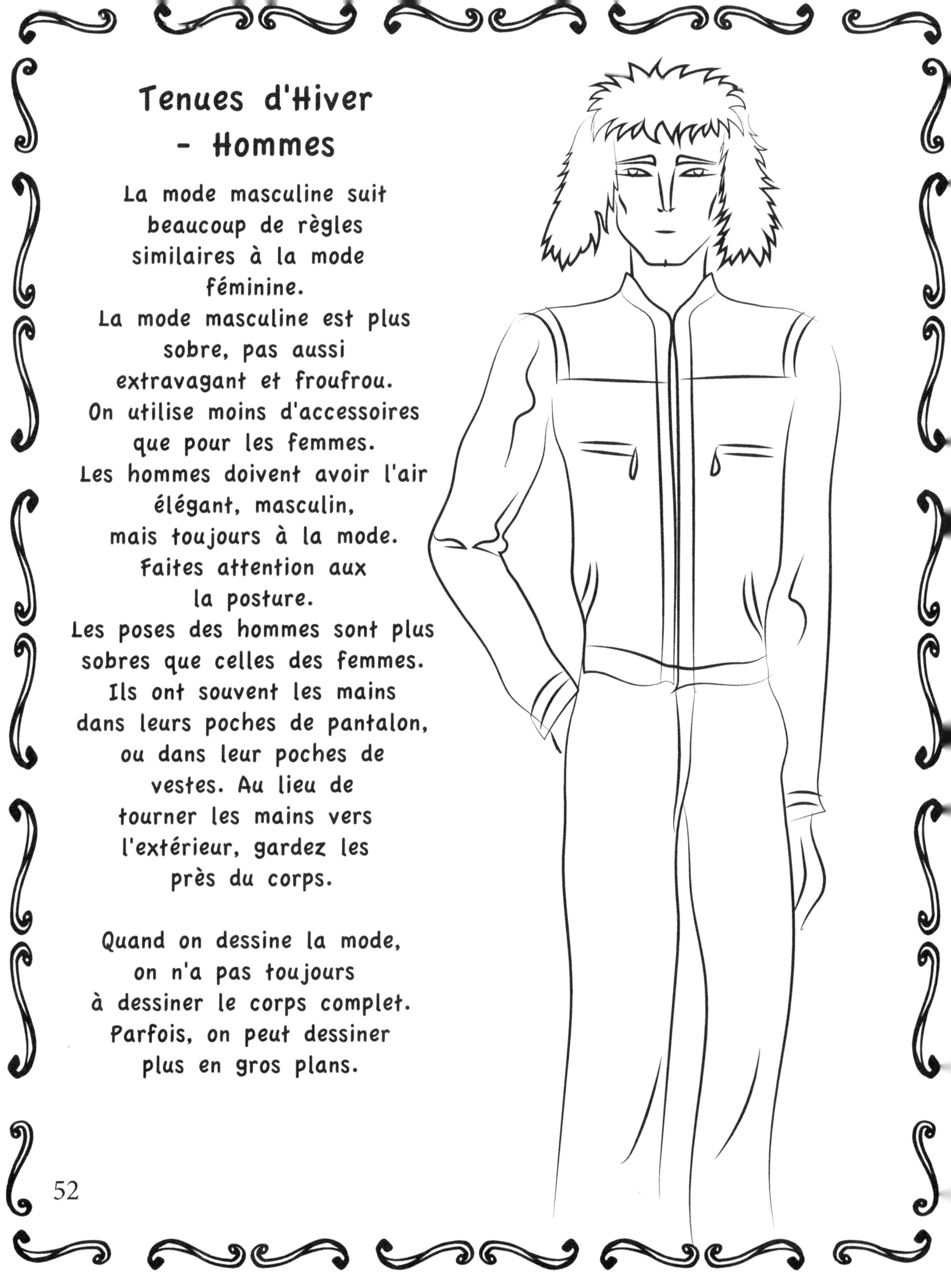

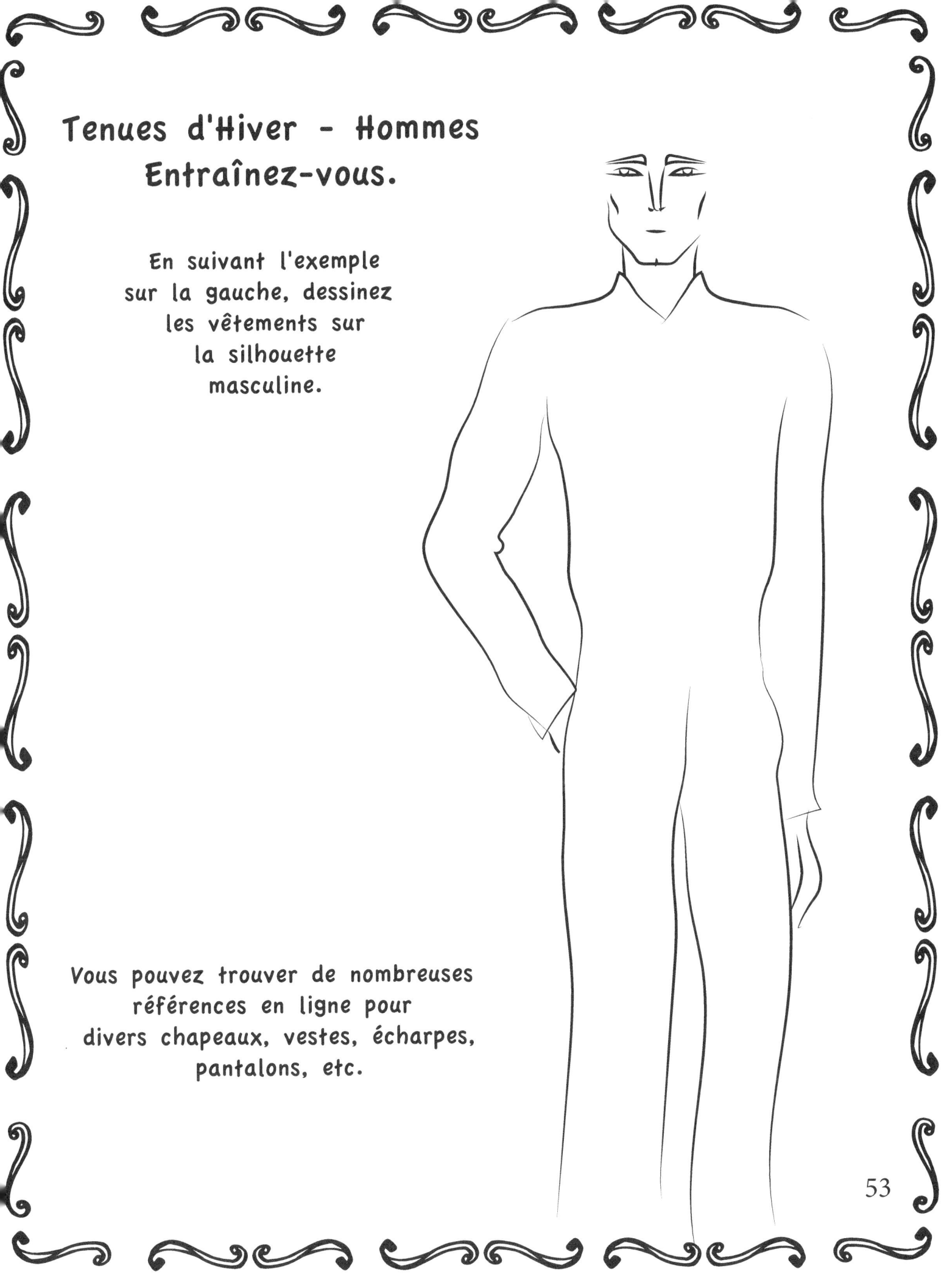

Tenues de Printemps - Femmes

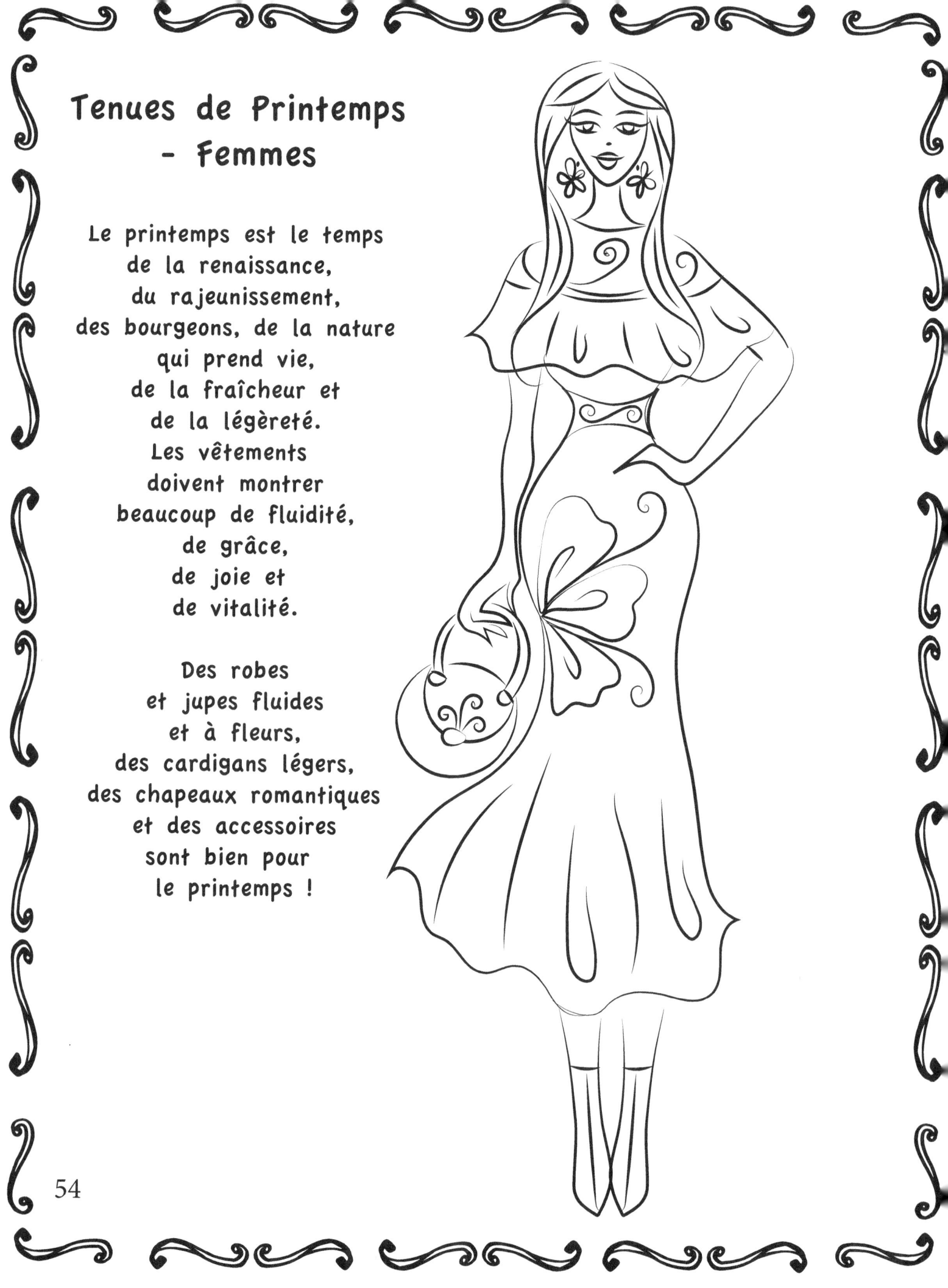

Le printemps est le temps de la renaissance, du rajeunissement, des bourgeons, de la nature qui prend vie, de la fraîcheur et de la légèreté. Les vêtements doivent montrer beaucoup de fluidité, de grâce, de joie et de vitalité.

Des robes et jupes fluides et à fleurs, des cardigans légers, des chapeaux romantiques et des accessoires sont bien pour le printemps !

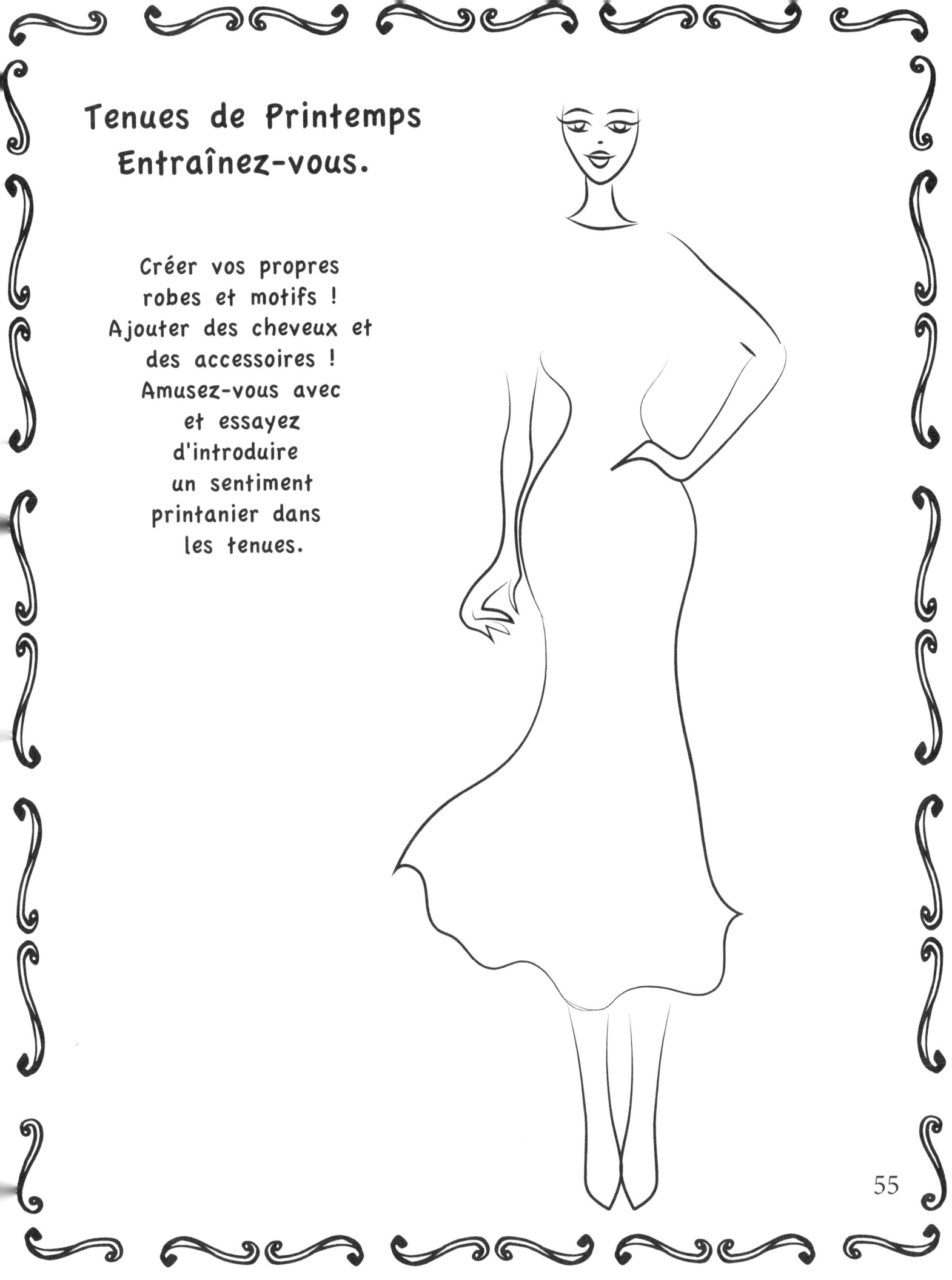

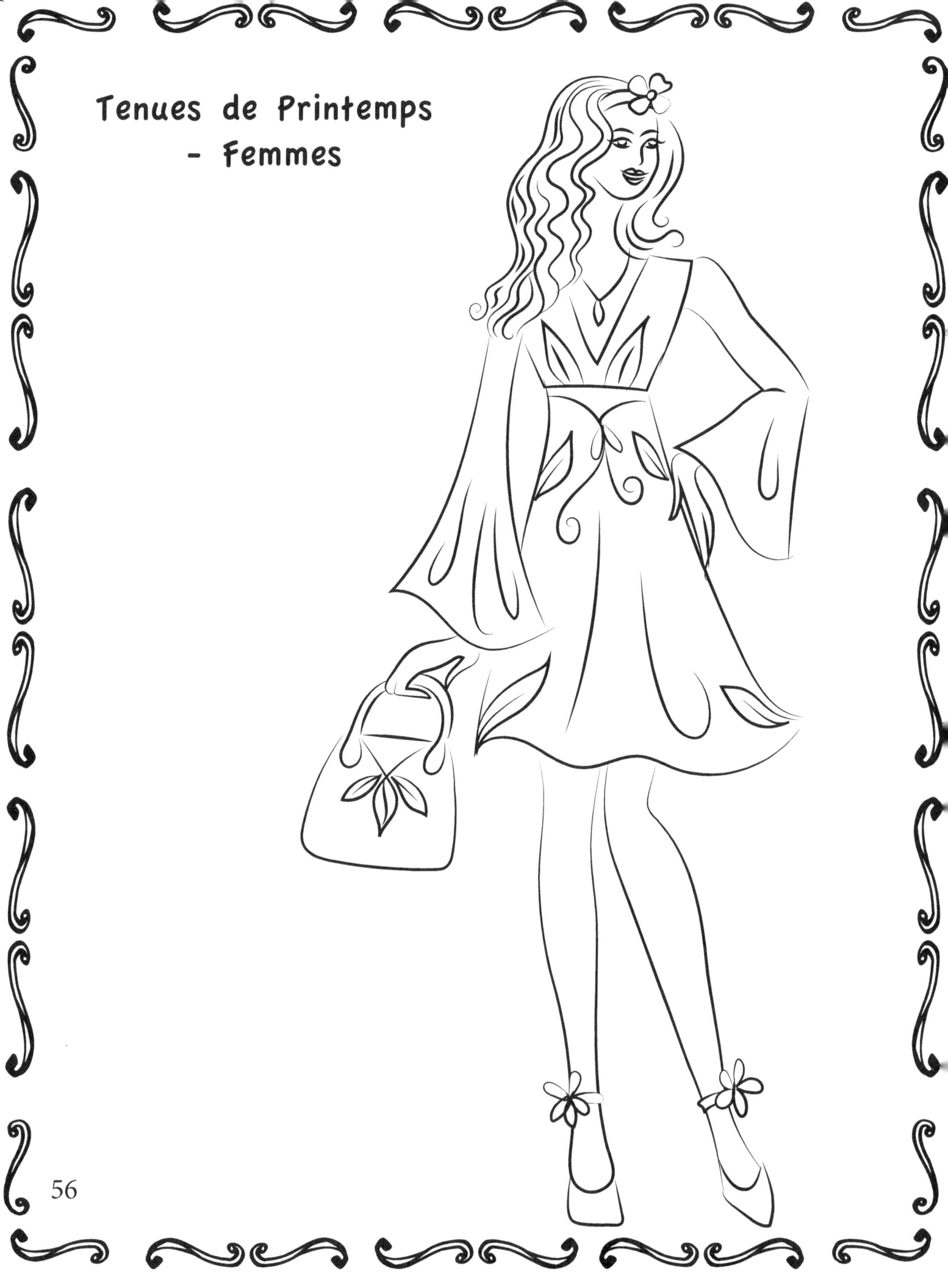
Tenues de Printemps - Femmes

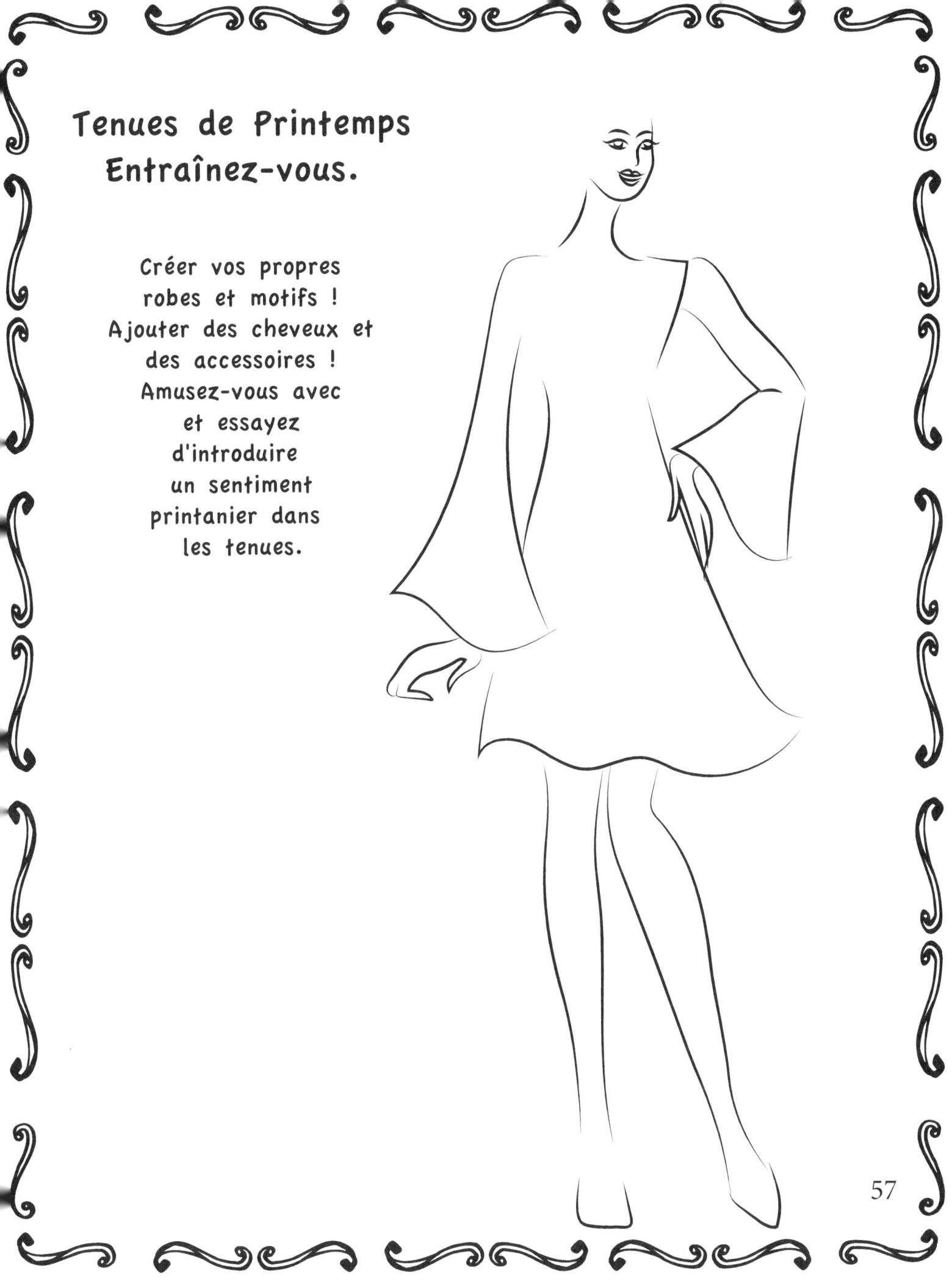

Tenues de Printemps
Entraînez-vous.

Créer vos propres robes et motifs ! Ajouter des cheveux et des accessoires ! Amusez-vous avec et essayez d'introduire un sentiment printanier dans les tenues.

Tenues de Printemps - Hommes

Les tenues de printemps pour les hommes ont tendance à être plus sobres que pour les femmes.

Un tee-shirt et un cardigan léger / une veste en jean avec des jeans ou un pantalon.

Vous pouvez également accessoiriser avec des lunettes, une ceinture, une montre, un sac, une écharpe, etc.

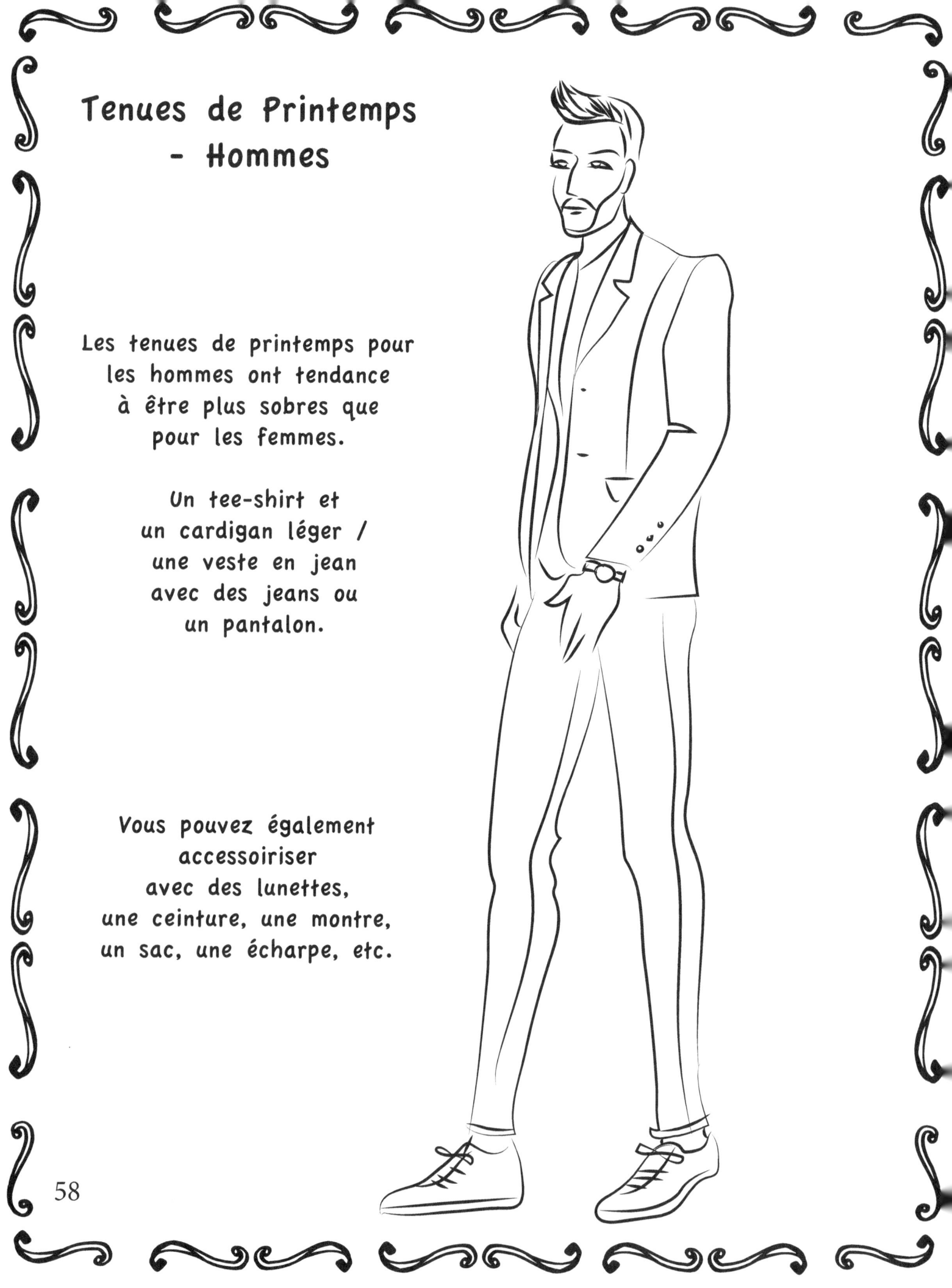

Tenues de Printemps - Hommes
Entraînez-vous.

Maintenant, complétez ce dessin en ajoutant une tenue comme vous le voyez sur la gauche.

Donnez-lui une coupe de cheveux sympa et un soupçon de barbe, si vous le voulez.

Ajouter des accessoires comme une montre, ou une cravate, si vous le souhaitez.

Utiliser Internet pour trouver des références de mode masculine manière.

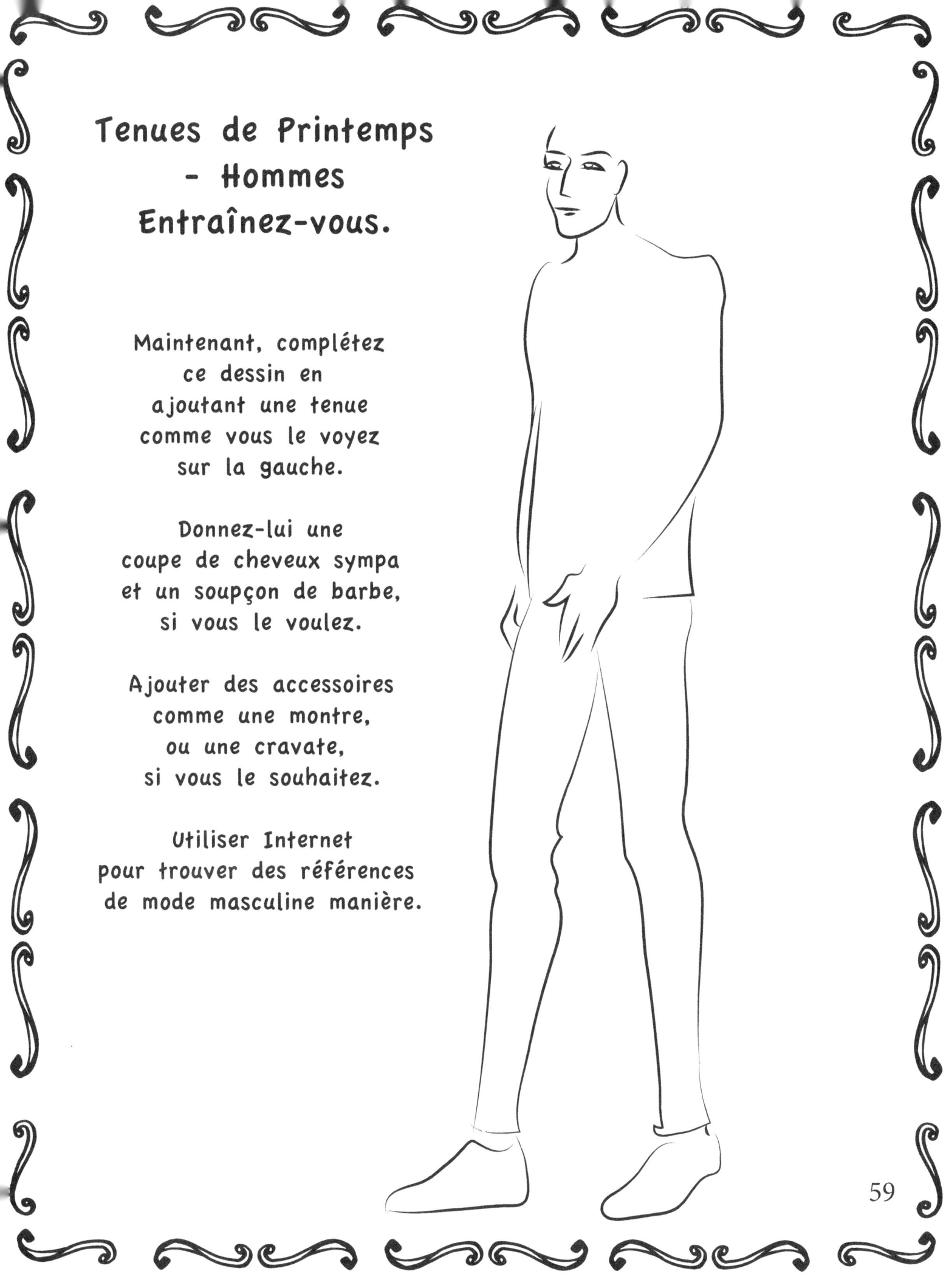

Tenues d'Été - Femmes

L'été est plein de joie, de légèreté, de bonheur, de soleil, de l'océan, de la plage, d'activités en extérieur, de vacances, de loisirs, de relaxation de couleurs vives, d'imprimés audacieux, de chapeaux somptueux, de paréos avec des imprimés amusants, de lunettes de soleil, de sacs de plage, et des bijoux funky et tape-à-l'oeil.

N'hésitez pas à montrer de la peau, tout en gardant les mannequins élégantes et chic. Jouez avec divers styles de sandales et de chaussures d'été.

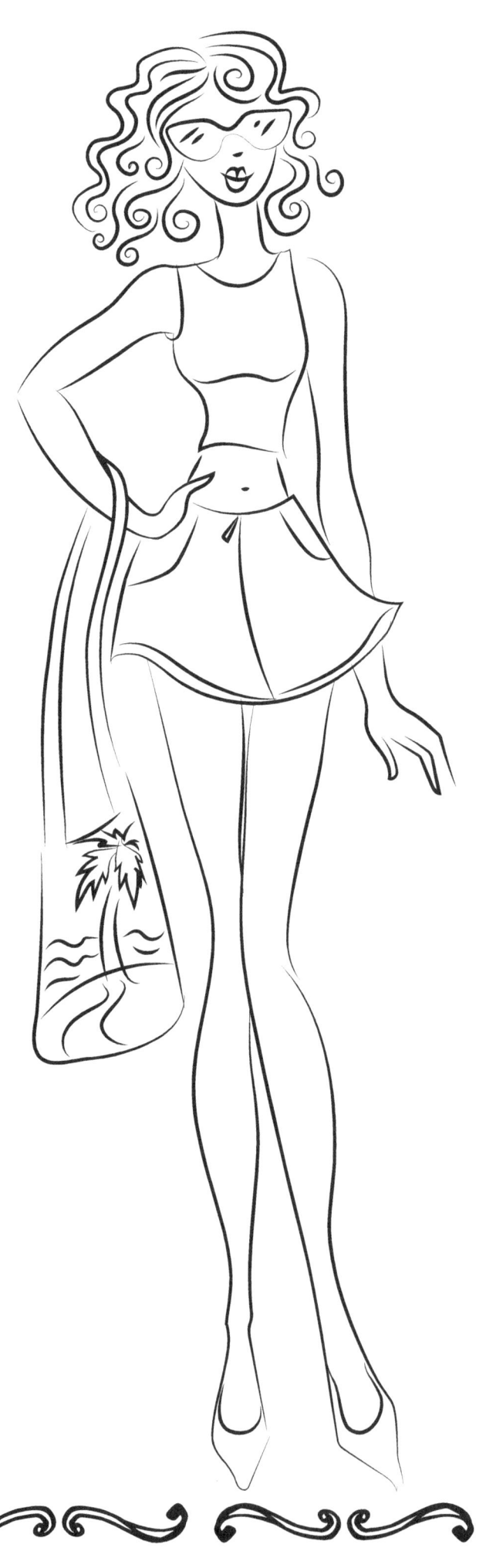

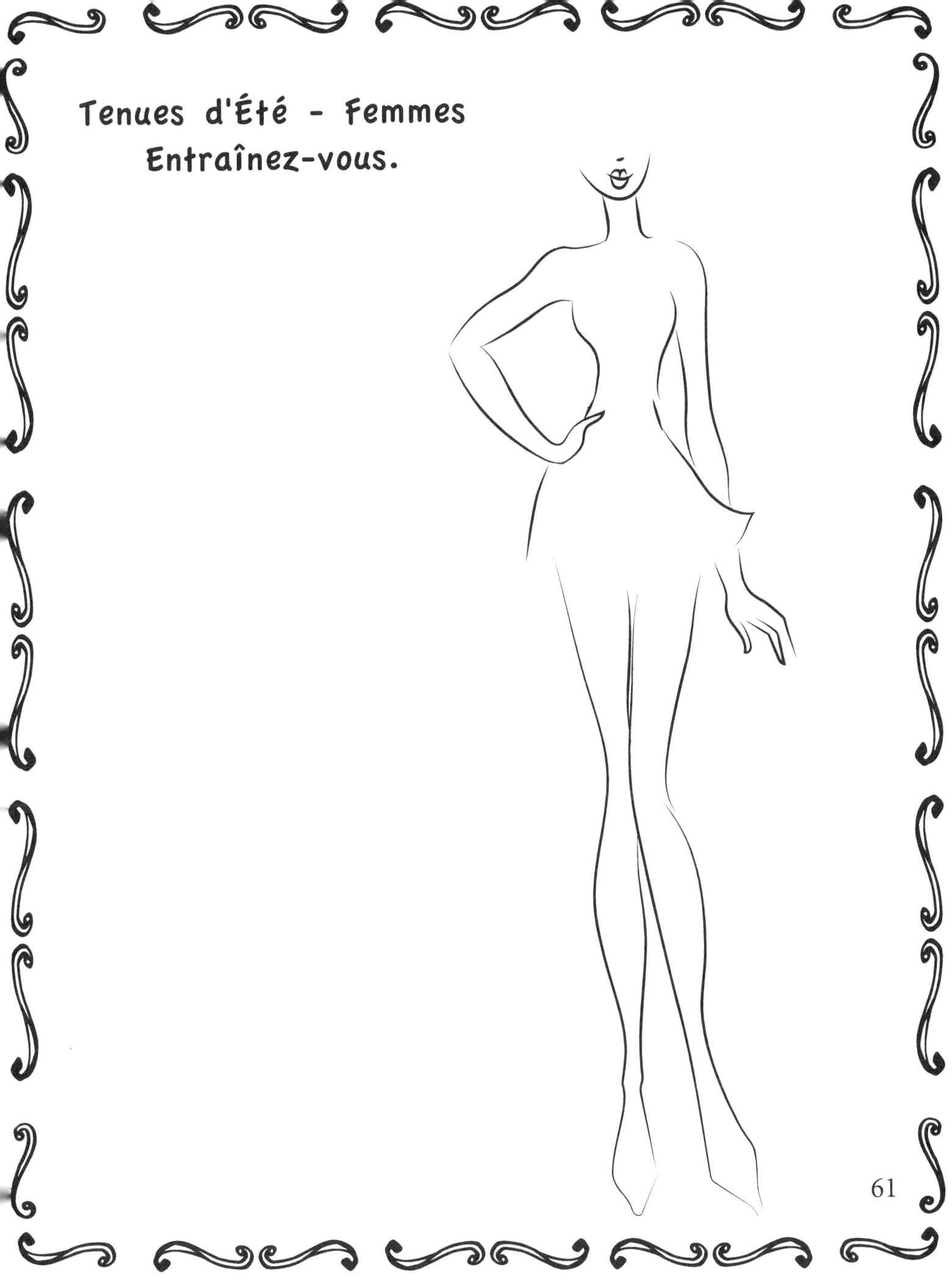

Tenues d'Été - Femmes
Entraînez-vous.

Tenues d'Été - Femmes

L'été est plein de
joie, de légèreté,
de bonheur, de soleil,
de l'océan, de la plage,
d'activités en extérieur,
de vacances, de loisirs,
de relaxation
de couleurs vives,
d'imprimés audacieux,
de chapeaux somptueux,
de paréos
avec des imprimés amusants,
de lunettes de soleil, de sacs
de plage, et des bijoux
funky et tape-à-l'oeil.

N'hésitez pas à
montrer de la peau,
tout en gardant
les mannequins
élégantes et
chic.
Jouez avec divers
styles de sandales
et de chaussures
d'été.

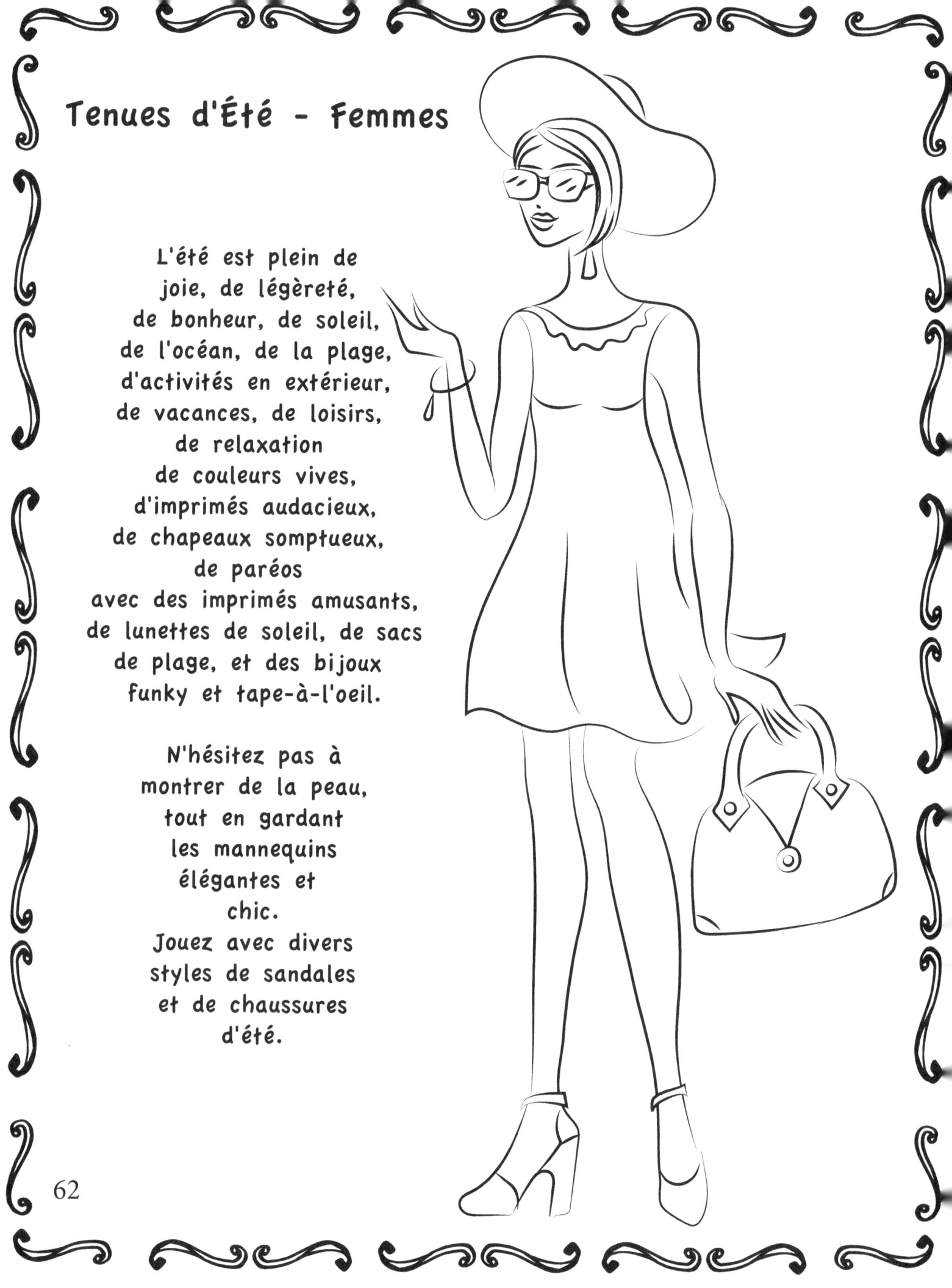

Tenues d'Été - Femmes
Entraînez-vous.

Maintenant, entraînons-nous à dessiner des tenues d'été. Trouver des références en ligne pour beaucoup de différents styles d'été. Vous pouvez vous inspirer de celles-ci et créez vos propres versions.

Vous pouvez également étudier votre propre placard pour certains vêtements et accessoires d'été, lunettes de soleil, chapeaux, chaussures et bijoux. Vous pouvez également imaginer vos propres coupes de cheveux aussi. Vous pouvez ajouter de la couleur une fois terminé, en utilisant un ombrage clair avec des crayons de couleur, ou des stylos gel.

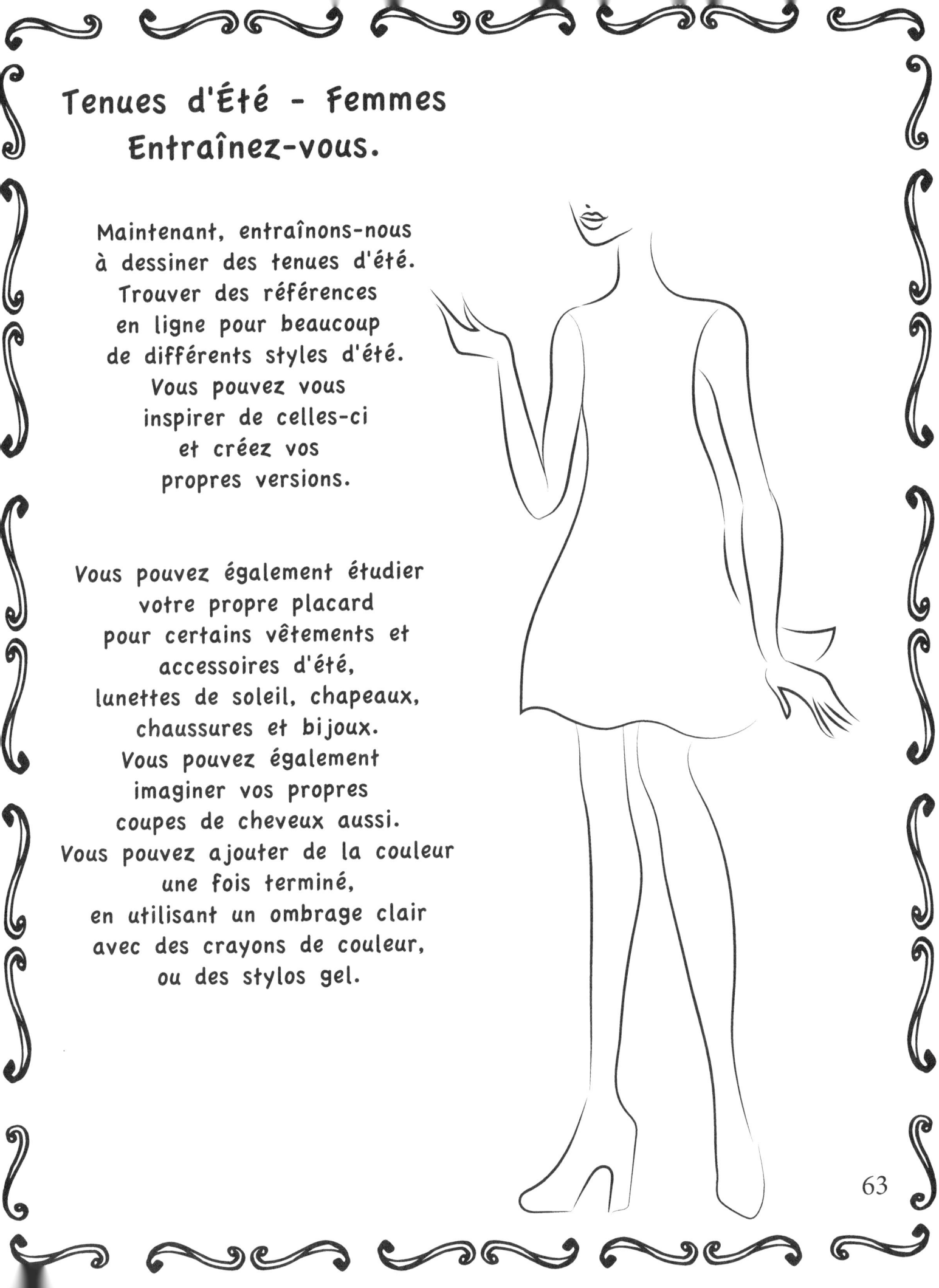

Tenues d'Été - Hommes

Maintenant, emmenons notre mannequin à la plage !

Les vêtements d'été doivent avoir l'air chic mais insouciant, avec des imprimés fun, et des motifs / des couleurs.

Accessoirisez aussi selon la saison avec des lunettes de soleil, et même peut-être une boisson rafraichissante.

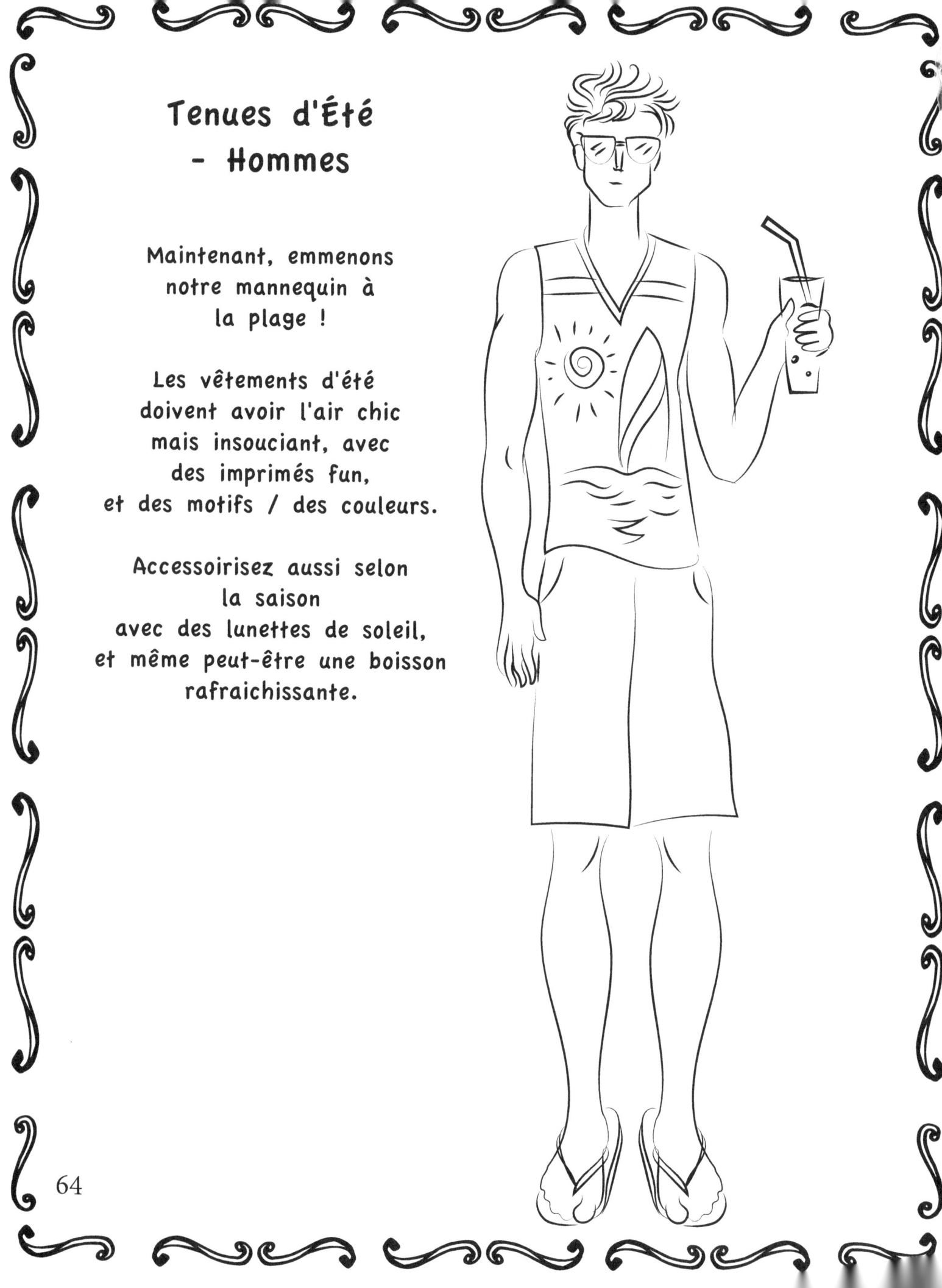

Tenues d'Été - Hommes
Entraînez-vous.

Maintenant, complétez le dessin.
A chaque fois que vous ne savez pas quoi dessiner, utilisez les références que vous trouvez en ligne.
Donnez-lui des lunettes de soleil, une coupe de cheveux sympa et décontracté, un débardeur léger avec un imprimé fun, un short branché.

Vous pouvez également ajouter un chapeau et des accessoires aussi.

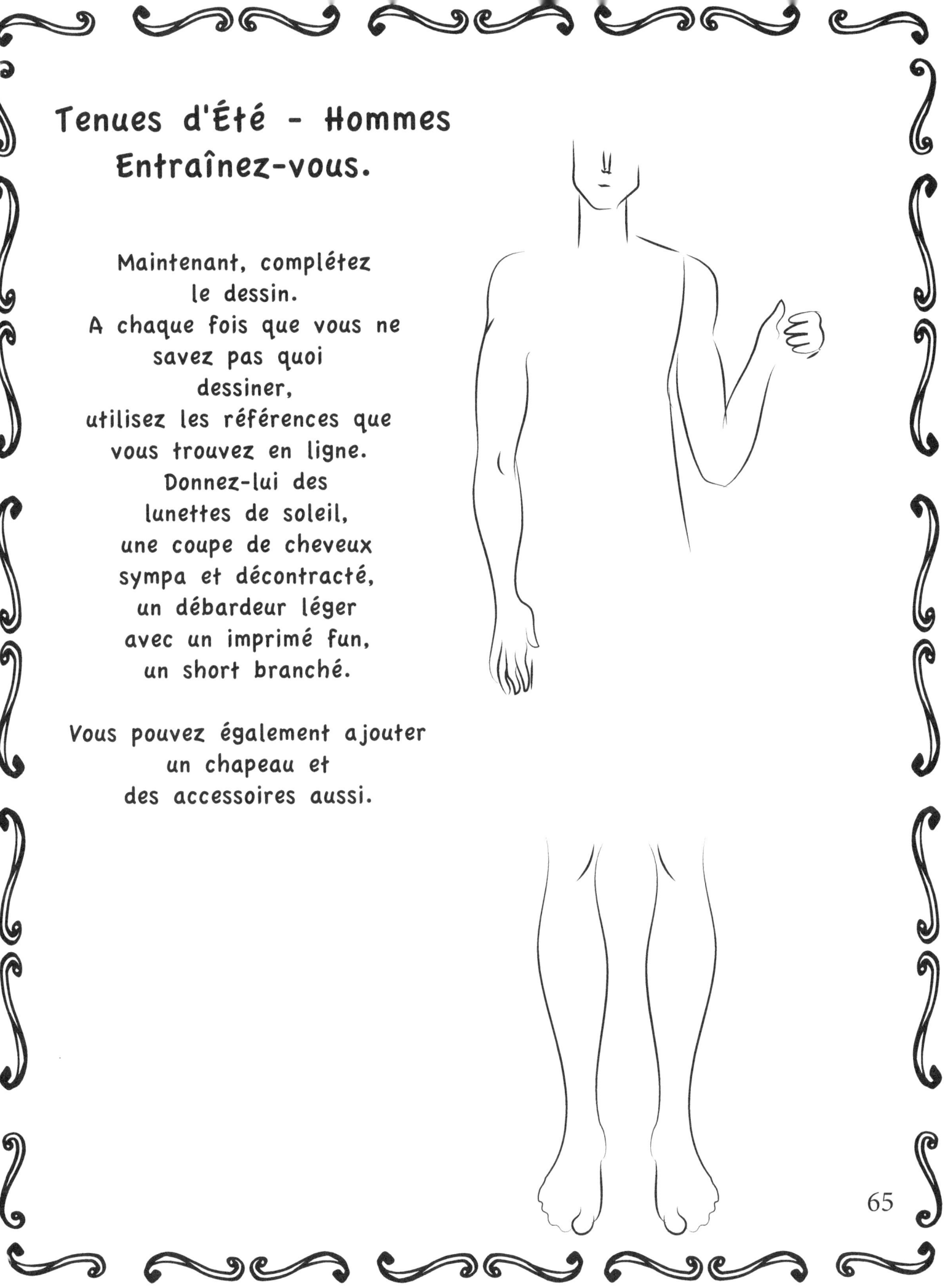

Dessiner des scènes de mode en extérieur

Parfois, pour ajouter plus d'émotions et d'ambiance à nos dessins, on peut ajouter des paysages derrière nos silhouettes. Ils peuvent souvent améliorer la beauté du vêtement, des accessoires.
Des arrières-plans efficaces dans la mode peuvent être :

1. Une rue avec des boutiques ou des fenêtres ornées
2. Un parc avec des lampadaires et des bancs / des clôtures ou arches en fer forgé
3. Un café ou restaurant branché
4. L'intérieur d'une maison bien agencée
5. Des voyages à l'étranger avec des lieux célèbres dans l'arrière-plan
6. Des paysages exotiques et élaborés
7. La plage
8. De la faune et flore
9. Centres commerciaux
10. Des bateaux, de l'eau, des paysages montagneux

Dessiner des scènes de mode en extérieur

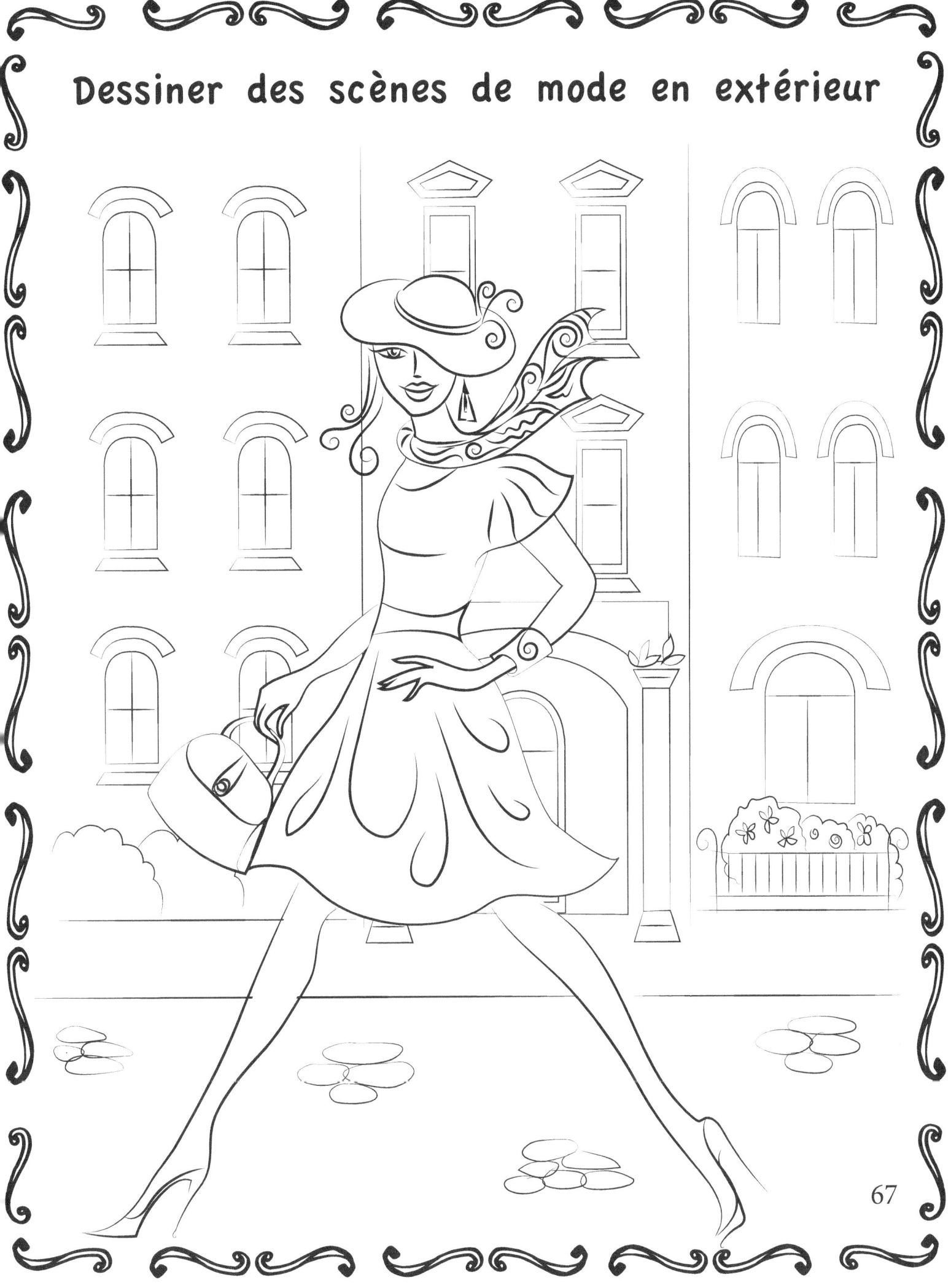

Scène de Rue et Entraînement

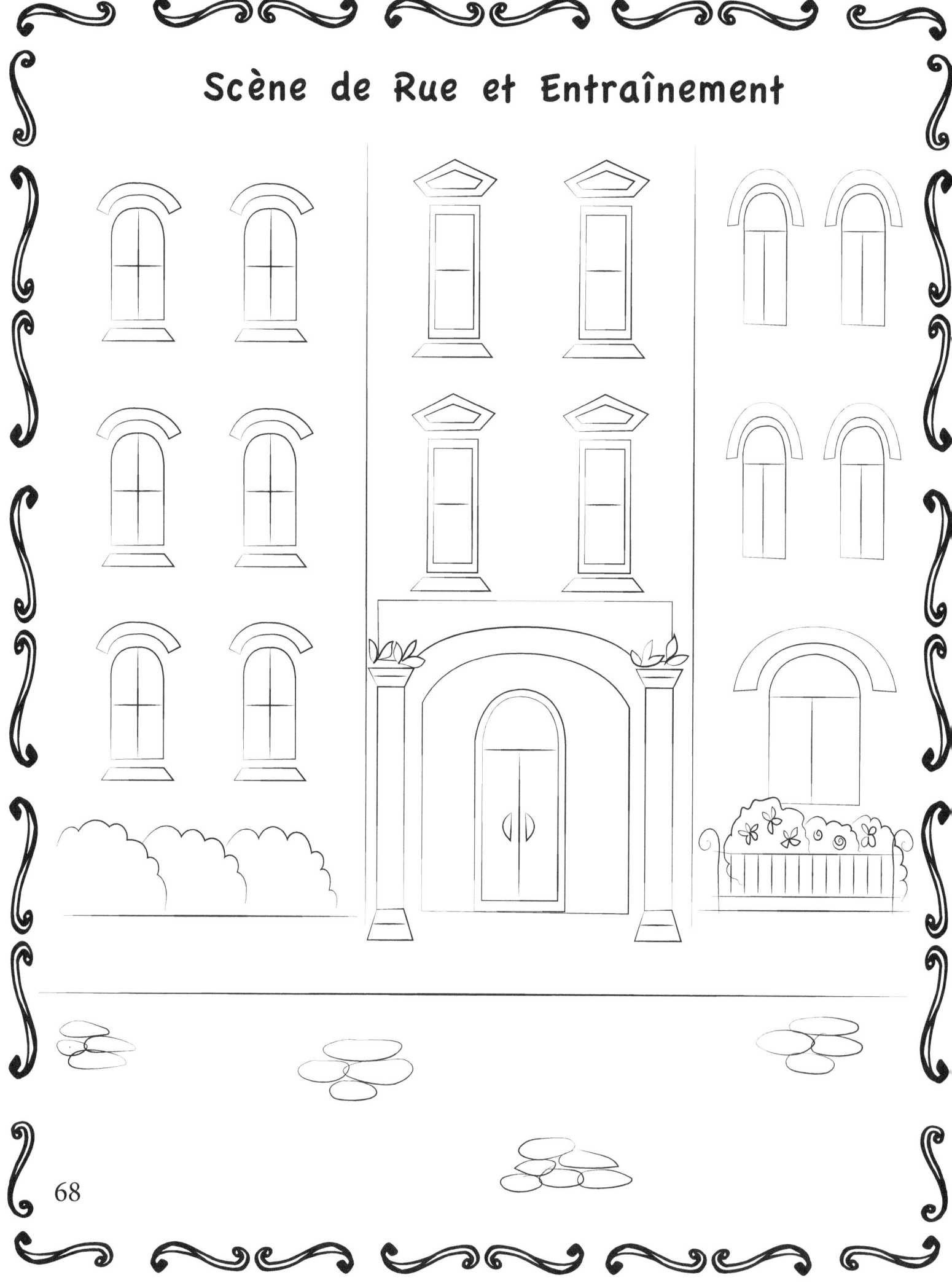

Regardez la scène de rue sur la gauche et essayez de la dessiner ici.

Combinez la scène de rue et la silhouette de mannequin. Astuce: dessinez la silhouette au premier plan avant de dessiner l'arrière-plan.

Gardez à l'esprit que la silhouette doit être plus près et beaucoup plus grande que le l'arrière-plan, car elle est au premier plan.

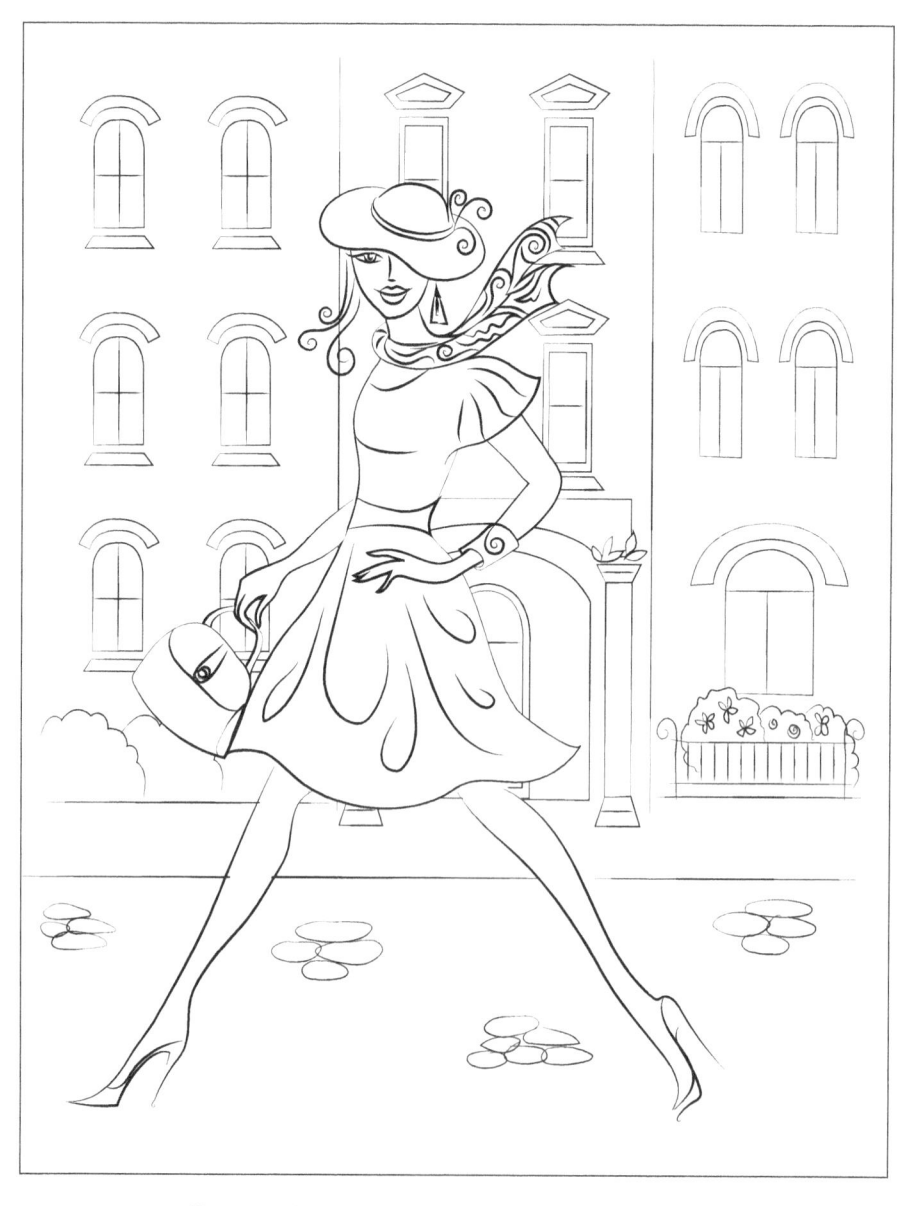

Essayez de combiner la personne et la scène:

Dessiner un café en plein air à Paris

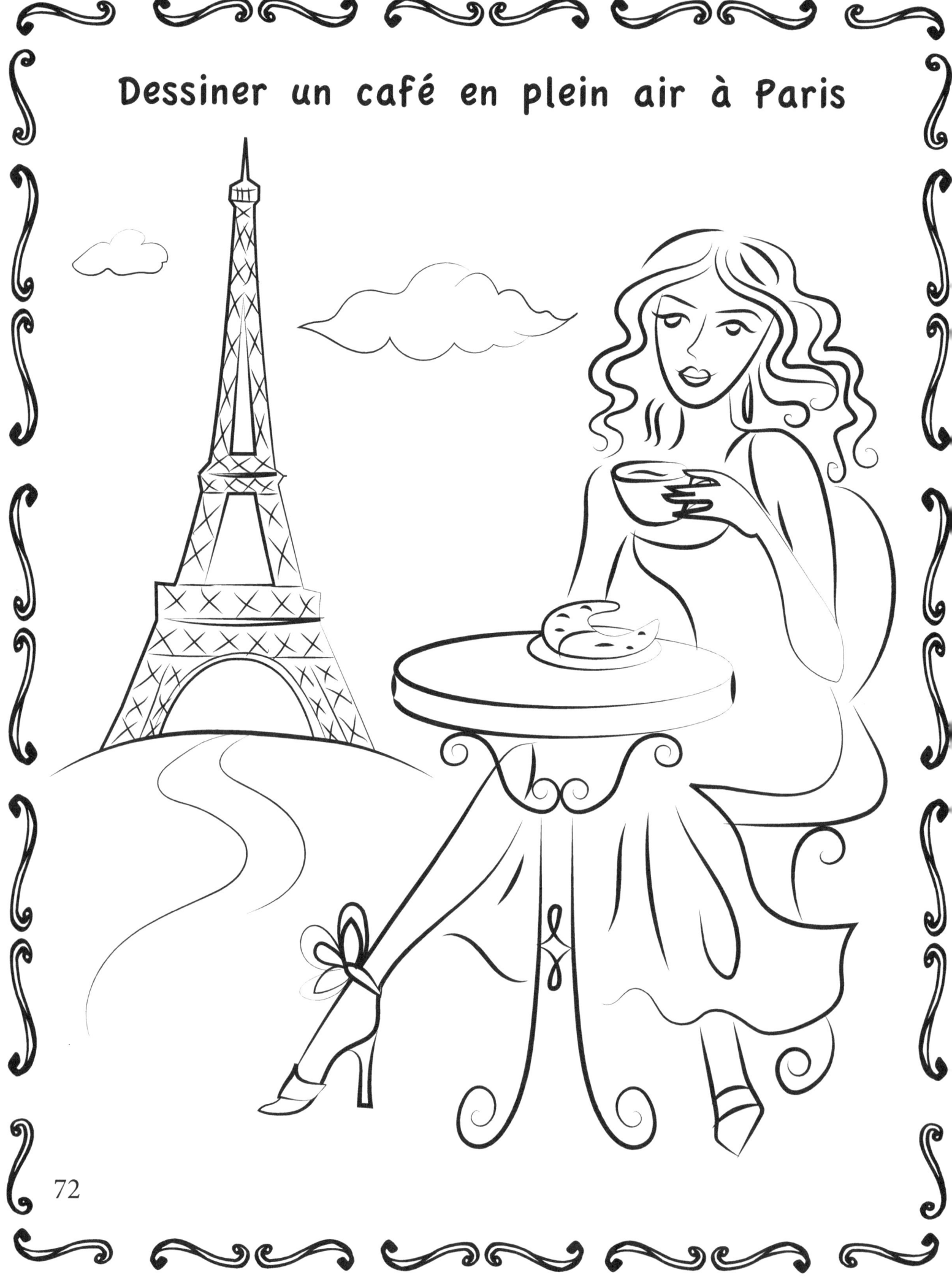

Maintenant, entraînons-nous à dessiner ici :

Note de Fin

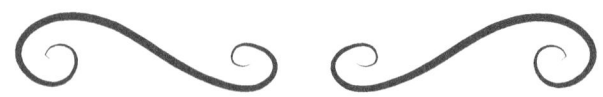

Maintenant que nous sommes passés en revue les astuces de base du dessin de mode, il est temps de mettre en pratique nos compétences nouvellement acquises !

La meilleure façon d'apprendre à bien dessiner est de puiser dans la vraie vie. Vous pouvez prendre des feutres, des marqueurs, des crayons ou des aquarelles et aller dans un parc ou à la plage. Jetez un oeil aux personnes qui ont des tenues intéressantes. Dessinez-les.

Si vous ne pouvez pas sortir de chez vous, il y a beaucoup de références de mode sympa que vous pouvez trouvez en ligne, via YouTube ou une recherche d'images.

Quand vous avez beaucoup d'entrainement à dessiner avec des références et / ou de votre propre vie, vous verrez que vous pouvez imaginez des tenues intéressantes et créatives par vous même. Vous pouvez combiner imagination et références pour de meilleurs résultats.

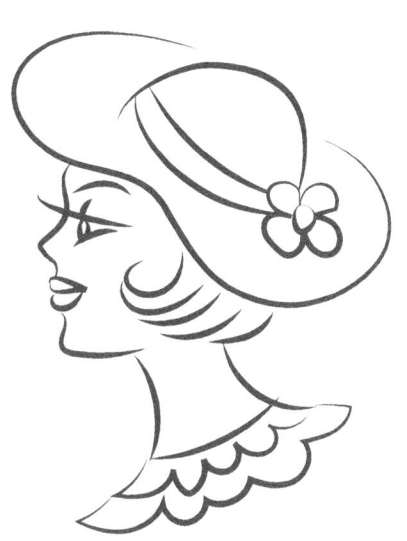

Mais le plus important... c'est de vous amusez !
Ne vous sentez pas obligez
de faire un dessin parfait, il suffit de dessiner
tous les jours, et vous vous améliorerez de
jour en jour — c'est garanti !

Vous pouvez utiliser certaines des pages à la fin de
de la version papier de ce livre pour vous entrainez
au dessin, pour commencer.
Après cela, vous devriez vous acheter quelques
carnets de croquis bon marché et remplissez-les aussi.

Si vous avez aimé ce livre, s'il vous plait, prenez
un moment pour laissez un commentaire sur Amazon.com.
Les avis aident à créez encore plus de bons livres
pour votre plaisir !

Merci!

Entraînez-vous.

Entraînez-vous.

Entraînez-vous.

Entraînez-vous.

Entraînez-vous.

Entraînez-vous.

Entraînez-vous.

Entraînez-vous.

Entraînez-vous.

Entraînez-vous.

Entraînez-vous.

Entraînez-vous.

Entraînez-vous.

Entraînez-vous.

Entraînez-vous.

Entraînez-vous.

Entraînez-vous.

Entraînez-vous.

Entraînez-vous.

Entraînez-vous.

Entraînez-vous.

Entraînez-vous.

Entraînez-vous.

Entraînez-vous.

Entraînez-vous.